民國歷史與文化研究

十三編

第**9**冊

煙雲畫憶

李 德 生 著

花木蘭文化事業有限公司

國家圖書館出版品預行編目資料

煙雲畫憶／李德生 著 -- 初版 -- 新北市：花木蘭文化事業有
限公司，2021〔民110〕
序 10+ 目 4+202 面；19×26 公分
（民國歷史與文化研究 十三編；第 9 冊）
ISBN 978-986-518-482-7（精裝）
1. 商業美術 2. 廣告作品 3. 蒐藏品
628.08   110010865

民國歷史與文化研究
十三編　第 九 冊　　　　　　ISBN：978-986-518-482-7

煙雲畫憶

作　　者　李德生
總 編 輯　杜潔祥
副總編輯　楊嘉樂
編　　輯　許郁翎、張雅淋、潘玟靜　美術編輯　陳逸婷
出　　版　花木蘭文化事業有限公司
發 行 人　高小娟
聯絡地址　235　新北市中和區中安街七二號十三樓
　　　　　電話：02-2923-1455／傳真：02-2923-1452
網　　址　http://www.huamulan.tw 信箱 service@huamulans.com
印　　刷　普羅文化出版廣告事業
初　　版　2021 年 9 月
全書字數　104973 字
定　　價　十三編 9 冊（精裝）台幣 25,000 元

煙雲畫憶

李德生　著

作者簡介

　　李德生，加拿大文化更新研究中心研究員，自由撰稿人、日本《煙史研究》雜誌專欄作者。致力於東方民俗文化、煙文化，中國戲劇的研究。且收藏有中外煙草公司在清末民初在華出版的香煙畫片兩萬餘枚，在攝影和印刷尚不普及的時期，這些香煙畫片生動地展示了中國近代政治、經濟、風俗和人文歷史風貌。近年在國內外出版的著述如下：

《煙畫三百六十行》（臺灣漢聲出版公司出版，2001 年）

《煙文化雜論》〔日〕川床邦夫譯（日本經濟研究所煙史雜誌連載，2006 ～ 2020 年）

《煙畫「四大名著」》（中國百花文藝出版社出版，2007 年）

《丑角》（中國百花文藝出版社出版，2007 年）

《昔日摩登》（中國江西教育出版社出版，2010 年）

《煙畫上的老風景》（中國文苑出版社出版，2011 年）

《抗戰星火》（中國江西教育出版社出版，2012 年）

《抗戰圖史——老煙畫的抗戰記憶》（中國山西人民出版社，2014 年）

《煙畫中國之五行八作》（中國江西教育出版社出版，2015 年）

《煙畫中國之吃喝玩樂》（中國江西教育出版社出版，2015 年）

《煙畫中國之市廛江湖》（中國江西教育出版社出版，2015 年）

《煙畫老北京三百六十行》（中國北京大學出版社出版，2015 年）

提　　要

　　香煙畫片是清末民初附在香煙包內的一種廣告性質的宣傳品。它在十九世紀末葉誕生於北美。1885 年，隨美製香煙進入中國。又隨著煙草大戰在華的爆起和煙民的激增，各種印製精美、內容包羅萬象的香煙畫片風靡一時。曾掀起舉國競相蒐集香煙畫片的「收藏熱」。

　　抗日戰爭勝利以後，煙草大戰終止，香煙畫片亦隨之淡出歷史舞臺。經過「十年浩劫」之後，而今存世甚少。作者承繼祖蔭有幸集有一萬餘枚，迄今熠熠有色。這些小小的畫片上積存著深厚的文化內涵，無一不銘刻著時代的烙印。綜而觀之，儼然是「一座手中的博物館」。作者對其來龍去脈及其商業、文化和政治宣傳功能，進行了較為深入的研究，草成此書，擬彌補俗文化史中被人淡忘了的一段記憶。

序：緣起──兒時的收藏

　　溫哥華的冬季天很短，一場薄雪過後，地上的綠草就開始冒出了新芽。每當淅淅瀝瀝的細雨敲打窗上的玻璃的時候，總像是有人走來，要與我說話一樣。我坐在臨窗的書桌之前，看著堆積滿案的小畫片，思緒不知不覺地飄向了遠方，勾起了對兒時遙遠的回憶。真是流年易逝，不知不覺之間，時光竟過去了半個多世紀了。

　　我的原籍是河北青縣，隨父母遷入北京的時候，大概只有四、五歲的光景。住在西直門內的一條南北橫向的大街，老人們都叫它北溝沿。因為，從前這裡是一條的明溝的緣故。在兒時的記憶裏，這條街一向是「無風三尺土，有雨一街泥」。到修成石子路的時候，街名就改稱趙登禹路了。我家住在大街居中的太安侯胡同西口。據考，這條不起眼的胡同，在明朝時期就有了。原住著永樂皇帝親封的大將軍泰寧侯陳珪。於是，此地便俗稱「泰寧侯」。到了清朝道光年間，為了規避玄宗皇帝旻寧的名諱，遂改稱為泰安侯。久而久之，老百姓們又把它簡寫成「太安侯」了。胡同的對面是紗絡胡同，住過那王爺的總管，左邊是白塔寺，右邊是祖大壽的家廟，因此，這一片兒地段也曾顯赫一時。隨著時代的變遷，其後人亦漸次成為普普通通的老百姓了。

　　六歲時，大人送我上學堂。先是在離家不遠的寶禪寺小學，學校在一箇舊廟裏。一至四年級二十幾個學生擠在一間屋裏上課，你吵我嚷，弄得老師顧此失彼，整日一片熱鬧。一年下來，似乎什麼也沒學到。後來，家長又把我送到較遠的一個私立小學上學，地址在這條街北頭的小乘巷胡同裏邊。學費較高，一個學期要繳兩袋白麵的束脩。學校的條件比較好，是一個高門坎的

四合院。四面房子四個班，每個班二十多個孩子。上課時念「人、手、口」，下課後，也沒有什麼可玩的器械。女孩子玩的是耍拐〔註1〕、丟包兒、跳猴皮筋；男孩子除了「騎馬打仗」〔註2〕，就是拍「洋畫兒」，也叫搧「洋畫兒」。

所謂「洋畫兒」，是印在草紙版上的一種小畫片，大約一寸寬、寸半長。上面有京劇臉譜、戲曲故事、槍炮武器、飛禽走獸等。畫得潦草，印得也很粗糙。當年一百元（舊幣、後改為一分），可以買三、四枚。拍洋畫兒的遊戲，一般是兩個人玩，一人出幾張，畫面朝下擺在一起。拍的時候，看誰能在手掌著地時，從手縫中溢出來的風，將洋畫兒掀翻過來。翻過多少，收走多少。一盤下來，自有輸贏。這種遊戲一是有利可圖，二是玩得方便，隨時隨地就可以擺開戰場，鏖戰一番。在當時，是男孩兒特別熱衷的一種玩法。

我上學時年齡較小，大人不放心，頭一年，都是黃包車接送。二年級的時候，就走著上學了。從家到學校大概有二里路，街上也不似今日的繁華。只有些賣針頭線腦，煎餅油條，糖果雜食的小店鋪。吸引我的自然是糖果鋪。用大人給的零花錢，買酸棗、糖瓜、鐵蠶豆之類的小吃食裝在兜裏，吃著玩，玩著吃。在這些攤鋪裏，大多都代賣洋畫兒。

我從小就愛畫畫，平時買的洋畫兒也比別的孩子多。愛看，愛玩、愛買，買得多，也就攢得多。洋畫兒上邊的「生、旦、淨、末、丑，獅子、老虎、狗」，各種戲齣和動物，也就深深地印到了孩提時代的腦海中。

記得一年春天，下學以後，我一個人掄著書包，在回家的路上漫不經心地閒逛。突然，在一家賣紙煙小店的玻璃窗內，發現了一張張印得十分精緻的洋畫兒，描金燙銀，華美無比。上面的人物栩栩如生，簡直可以呼之欲出，比我兜兒裏的洋畫兒，不知要漂亮多少倍！我踮著腳尖兒，把臉貼在玻璃上，貪婪地向裏張望，久久捨不得離去。

屋內一個清癯的老者，五十多歲的年紀，白臉微鬚，笑著向我招手，招呼我進屋。我尚在遲疑的時候，老者已起身拉開了門，和藹地說：「小學生，

〔註1〕耍拐：即耍羊拐，或抄羊拐。羊拐者，乃是羊的前腿的膝蓋骨。用顏色染成紅、黃色，要用一付骨拐，再加上一個布包，這就是當初小女孩們玩的一種玩具。玩的時候，把布包拋到空中，在接包之前，用手把骨拐按一定的方式搬動，而後再接包兒。如此反覆地玩，可以辨出輸贏。據考，這種遊戲是從古代女孩子們七七乞巧、鬥草之俗中演化而來。

〔註2〕騎馬打仗：騎馬打仗是男孩子們的遊戲。每兩個人一組，一人當馬，各背著一位「將軍」。而後，雙方廝撞、拉拽，看那一位「將軍」率先墜馬。先墜馬者，輸。這種遊戲，源自古代軍營中，對戰士的一種馴練方式。

要是喜歡，就進屋裏來看。」

由於屋裏畫片的吸引，我便身不由己地蹭了進去。屋子很小，陳設也很簡單，惟一床、一杌，一桌、一椅而已。臨窗戶擺著一架子香煙，「大前門」、「紅錫包」、「大嬰孩」、「勞動牌」……，應有盡有。架下的桌子上，則擺著一摞摞的小畫片。在窗外陽光的照耀下，一閃一閃地發著誘人的光輝。

我瞄著這些煙畫，怯生生地問道：「這些洋畫兒，怎麼跟我的不一樣啊？」我一邊說，一邊從衣兜裏掏出了平時玩的一摞洋畫兒，舉到老者的眼前。

老者和藹地說；「傻孩子，這不是你們拍著玩的洋畫兒，這是煙畫」。他順手從窗前拿起了一摞，一張張地翻給我看。「你瞧，這背面都印著煙廠的商標。它們是從前老香煙盒內的小廣告。這都是幾十年前的東西了。你看，這些印有洋文的，都是從北美傳來的。」

「北美在哪兒呀？」我茫然地問道。

「在很遠很遠的地方，要漂洋過海走好幾個月。」

這是我第一次聽說的「北美洲」，是在很遠很遠的地方。

老人接著擺弄他手中的煙畫；「這些是咱們中國印的。你看，這是《西遊記》、這是《紅樓夢》、這裡《封神演義》、這是……」。老者越說越得意，臉上也充滿了孩子般的微笑，其神情一半在介紹，一半在自我欣賞。「收集了這麼多，不容易呀！湊成一套一套的就更難了。因為，一盒煙裏只有一張。難哪！難哪！」

我看著他的臉色由興奮逐漸變得沉鬱。「最可氣的是這些廠子在印成套的畫片時，故意地少印一，兩張，要不就不印。」

「那是為什麼呢？」我不解地問著他。

「就是為了弔你的胃口唄！你看，」老者指著一張煙畫背面的字說：「這兒不是明明白白地寫著，攢齊了，可以去兌大獎嘛！」

「您怎麼攢這麼多呀？」

「唉，我年青的時候就喜歡這些東西嘛！你看畫得多好。瞧著就過癮，還長見識。你看這些外國的動物，咱們的萬牲園（北京動物園的前身）裏根本就沒有。你再看這張──」，說著，老人家又拿出了一張大些的煙畫，上面畫的是兩個軍人，中彈臥倒在沙場上。我端詳了半天，也弄不明白是怎麼回事。

老者故弄玄虛地問我：「你知道這兩位將軍是誰噠？」

我搖了搖頭。

上海裕華煙草公司出品的煙畫「佟趙殉國」

他拍了拍我的腦袋：「咱們現在呆的這條街叫什麼名子？」

「趙登禹路。」

「對囉，這畫上的兩個將軍是打日本鬼子的英雄。為了保衛咱們北京城，犧牲在南苑豐臺的戰場上。一位叫趙登禹，一位叫佟麟閣。抗戰勝利後，為了紀念這兩位將軍，就把咱們這個溝沿改了名子，北頭叫趙登禹路，南頭叫佟麟閣路。」

當時只有七、八歲的我，真如同哥倫布發現新大陸一樣，驚喜非常。原來街名還有這麼多的講究。一直到成人，我對這條街都充滿了一種莫名的崇敬。甚至於，連住在這兒都有一種自豪感，似乎在冥冥之中，與這二位英雄有著一種異常親近的關係。

文化大革命時，這條街為了跟上革命形勢，改名叫了紅衛兵路。而當時，北京稱為「紅衛兵」的馬路和胡同有二百多條，郵局實在沒有辦法送信。第二年，才「忍痛割愛」，又把它改為「白塔寺東街」了。就此，一直

叫到現在。儘管如此，每當我走在這條大街上，煙畫上面那兩位將軍壯烈殉國的情景，仍然時常浮現在我的眼前。足見兒時的見聞，是很難從記憶中抹去的。

面對著老人家滿桌子的煙畫，我真恨不得將之全部據為己有。能像孫悟空一樣，變個什麼戲法兒，將其席捲而去多好哇！我囁嚅地問道：「您是要把這些煙畫兒都賣掉嗎？」

老者雙手一攤，露出無可奈何的樣子，而又意味深長地說：「不要了，不要了，玩什麼都得有個頭，總不能玩一輩子。再說，眼下也不時興這個了，留著終有何用？還是吃飯要緊哪！」

我進一步試探：「貴嘛？」

老者把頭湊過來，認真地看著我的眼睛：「小學生，你長大了就會明白，這些東西，說值錢，就值錢，是無價之寶；可說不值錢，就一分也不值，如同廢紙一樣。你要是喜歡，就常來玩吧！」

記得臨走時，我們這一老一少竟達成了一個價格的默契，我可以以購買二十張洋畫的價格，買他一張煙畫，大概為五百元（舊幣）一張，合當年一套燒餅果子的價錢。

從那以後，我就瞞著家裏的大人，開始有計劃地「置辦產業」了。我先是把自己收藏的全部壓歲錢取了出來，一下子就買回《紅樓夢》和《七劍十三俠》兩大套，還有包括那張「佟趙殉國」在內的抗日煙畫數十枚，加在一起有二百四、五十張。高興得我，一夜上也沒有睡好覺，反覆把玩，不知東方之既白。

從此，我早點也不吃了，零食也不買了，又想方設法地向爺爺奶奶要零用錢。比如說：奶奶愛聽京劇，凡是日場，總是帶我一起去。遇到這種時候，我就與奶奶協商，說這齣戲我不愛看，你把為我買票的錢給我，你自己進去看，我就在旁邊的書鋪裏看「小人書」。散戲時，我在門口接您，咱們再一起回去。我保證不瞎跑，不叫您操心。這一招還真靈，每次都能賺上萬、八千（舊幣）。另外，在家裏我還表現得非常勤快，比如張羅著去買肉買菜，可以從中「中飽」些零錢。

就此，我開始一次次地光顧小煙鋪，前後歷時半年之久，從那位老先生處收購了煙畫有二、三千枚之多。記得每次與老者交易完畢，從他的收藏中

拿走一、兩套煙畫時，就好像從他手中奪得了他的寵物，一隻愛犬或一隻愛貓一般，他總是依依不捨地送出門口。並且再三地叮囑：「我是看你這孩子懂事，不會糟蹋東西，才讓給你的。這可不是洋畫兒，千萬不要跟人拍著玩。要收好囉，這東西越來越少了……。」

有一日，我又揣著錢去了小煙鋪，想再蒐兩套煙畫。可是，小煙鋪的玻璃窗掛上了布簾，捂得嚴嚴實實，門上也掛上了一把鎖。從此，再也未曾見到過他老人家。是走了？還是病了？給人留下了無名的悵惘和一個大大的問號。

整理這些煙畫，是我課後極有興趣的一項大工程。我買來了漂亮的白本子，先用鉛筆把煙畫的大小輪廓畫好，再用小刀在輪廓的四角上刻出斜線，再將煙畫依照順序，一張張地鑲上去。最後，用鋼筆認真地寫上煙畫的題目和說明。在整個鑲嵌過程中，不僅「多識草木之名」，而且，雜七雜八地長了許多「知識」。從「黃天霸大鬧惡虎村」，「關公拖刀斬顏良」，到「大英國船堅炮利」、「乾隆爺遊龍戲鳳」。方寸之間，包羅萬象，為我單調的童年生活，增添了無窮地歡樂。

剛一開始，這種工程都是在悄悄進行的，完全不為大人所知。終於，有一天被父親發現了。為此，飽受了一通讀書「荒於嬉、毀於隨」的申斥。當我認為，這些「產業」必遭滅頂之災而不知所措的時候，不想我的父親卻坐了下來，認真地看起了我的收藏。最後，他站了起來，正色地問道：「花了不少錢吧？哪來的這麼多錢？」

我最怕問這個，就推諉地說：「是管奶奶要的。」我知道，再大的漏子，奶奶也會為我擔著的。

不想老爸把話題一轉，說道：「你搞得還不錯，明白這些東西的來歷嘛？」

我茫然地搖了搖頭。「以後我再講給你。這玩意兒現在是不時興了。在我年青時，人們都攢它，我這裡還有不少呢！這回全給你吧！」

對我來說，這真是從「烏雲壓城城欲摧」的恐懼當中，一煞時變成「晴空萬里豔陽天」了。在我驚喜之餘，我父親從他那誰也不能碰的「禁地」裏，搬出了一個小匣子。打開一看，滿滿一匣子煙畫。噢！原來大人在小時候也玩煙畫呀！真是「踏破鐵鞋無覓處，得來全不費工夫」。這樣加起來，我就有了上萬張的收藏了！在辦理「移交」手續時，父親吼一聲：「不許耽誤功課！」

　　我在垂手諾諾之時，內心的高興差點使我蹦了起來。心裏方明白了，「代溝雖有隔，童心總相似」的道理。

　　這一次歷史性的轉折，不僅大大豐富了我的收藏，而且使我的「事業」從地下，堂而皇之地轉到地上。此後，在白塔寺、護國寺廟會的地攤上，也多有新的收穫，補充著我收藏中的空白。

　　正在我認真地搜集煙畫的時候，曾經招來了一場大禍。那是我九歲，一個溽暑蒸人的夏天，我抱著自己的藏品到一個小同學家去炫耀。忽然間雷霆大作、暴雨傾盆。我轉身就往家裏跑。在馬路上被疾駛而來的自行車撞了個正著。送到醫院一查，竟是膝蓋骨粉碎性骨折。打上石膏，臥床百日，險些落得殘疾。家長和親朋的埋怨，自然都歸結到「玩煙畫」的頭上來了。就這樣，我歷時一、兩年的收藏工作，也就此告一段落。這是 1956 年的事情。

　　病癒之後，已長成為少年。隨著興趣的轉移，煙畫收於舊篋，再也沒有去動它。今日回憶起來，這些小畫片僅派過幾次用場。一次是我上高中時，在人民劇場看了一場厲慧良先生演的《長板坡》。劇中的趙雲白馬銀槍，威武英俊，勇不可擋。厲爺把人物演得風雲叱咤、非同凡響。回到家中，我突發奇想，毅然給晚報寫了篇稿子，要捧捧角兒。文成之後，意猶未盡，就又搬出了煙畫，照著上面的趙雲畫了一張插圖，信心實足地給報社寄了出。可想而知，不到一個星期，文稿和圖畫原封退回。但編輯在我的畫上蓋了一個「閱」字，好似大作已為人承認了一般，使我高興了好幾天。

　　第二次使用煙畫，是在 1966 年春天。當時，我在紡織學校學習印染美術。實習時，要獨立設計一張臺布。當年，美術方面的參考資料很少，我就又搬出了煙畫。從英美煙公司出品的《世界動物》中，找出了一枚《袋鼠》，我就把它畫到了臺布上。結果竟被選中，一下子印了二十萬條，出口到澳大利亞。這也是小煙畫第一次被用來為人民服務。

　　小試成功，躊躇滿志。正當我要讓它發揮更大的作用時，「觸及人們靈魂」的文化大革命爆發了。在「摧枯拉朽」大破「四舊」的狂潮之中，家裏的東西燒的燒、毀的毀。而這些「封、資、修」的煙畫，我幾次欲將其付之祝融，但終是兒時的心血，未忍絕決。背著家人，藏到了堆放拉圾的廢物當中。後來，經過兩次大抄家，三次小抄家，五次大搬家，人命尚且危淺。哪裏還顧及到這些煙畫的安危哪！

　　一轉眼，三十多年過去了。國家由大亂轉為大治，政通人和，百廢俱興。一日，讀《北京日報》，上邊有一則醒目的消息寫道：中國書店舉辦的首屆拍賣會上，二十年代的煙畫，竟然成了「世紀珍稀出版物」。高價競拍，出盡了風頭。歸家後，就玩笑般地說與夫人知曉。不料太太說：「是不是那些小畫片呀？我記得前幾年搬家時，好像還見過。沒扔。」

　　「是嘛？」我驚喜地差一點把手中的茶杯掉在地上。「太太可真是有心人。」

　　於是，我倆翻箱倒櫃，終於在雜物堆中的一隻舊鞋匣子裏把它們找了出來。打開一看，真如同出土文物一樣。這些小小的畫片，雖然經過歲月磨洗，仍然未失當年的光彩；雖歷塵蒙蟲蛀，猶自熠熠生輝。重新檢點這些一度被人遺忘了的舊物，自其出世以來，經歷了八、九十個春秋。歲月更迭，人手更易；滄桑歷盡，風骨猶存。真有如神助一般，不歿於世，留存至今，也算是碩果僅存了。

　　而今，已邁入耄耋之年的我，重睹舊物時的感觸，已無兒時的衝動。但，這些煙畫所包藏著的文化內涵，時時衝撞著我的思緒。促使我靜下心來，認認真真地研究研究它，竟然成了業餘生活的一項任務。奈何，有關這方面的文獻資料甚為稀少，所以東尋西訪，朝扣圖書館、暮訪知情人，蒐集了些隻鱗片羽，記錄了些秘錄珍聞，擬集腋成裘，以補是闕。但數年來停停打打，一直裹足不前。

　　自從退休之後，旅加小住。這些童年的收藏，亦隨我來到了它的故鄉——美洲大陸。在這片土地上，它們受到了至高的禮遇，就像對待遠方歸來的遊子一般，加國學界熱情而隆重地接待了它們。溫哥華市政廳文化部和加拿大文化更新研究中心，分別為它舉辦了大型的展覽會、研討會。海外學者，如哈佛的梁燕城博士、西門・菲莎大學的王健教授、臺大王家儉教授、葉嘉瑩教授皆親蒞現場，對這些在一百年前，作為中、西文化溝通的信史和商業文化先驅的小畫片，皆給予了相當高的評價。臺灣漢聲出版社的黃永松先生，不計工本地精印了一部大型畫冊——《煙畫三百六十行》；加拿大《中華時報》特闢《煙畫大觀》專欄，連續刊發了有關煙畫的研究文章百篇之多。日本煙草工業史研究院岡本光義院長和煙史研究專家川床邦夫先生、鈴木稔昭先生，也一直關注這項工作的進展。彙集了我近年來所寫的文字，翻譯出版了《煙畫的研究》一書。

　　而今，臺灣花木蘭文化事業有限公司自萬里之外飛賜一鴻，邀請合作，共同挖掘研究這一被人忘卻了的大千世界。受命匆匆，草成此稿，特就教於專家、同好。以期共同努力，把這一項偏頗的課題研究得更深更透。使這些小小的煙畫，再一次煥發出喜人的光彩。

李德生

書於溫哥華列治文寓中

2020 年 12 月 30 日

目

次

序：緣起——兒時的收藏

第一章　什麼是煙畫 ……………………………… 1

　　煙畫的稱謂 ……………………………… 1

　　煙畫的規格 ……………………………… 2

　　煙畫的質地 ……………………………… 3

　　煙畫的背子 ……………………………… 11

第二章　煙畫的產生 ……………………………… 15

　　煙草的發現 ……………………………… 15

　　煙草的傳播 ……………………………… 16

　　煙草進入中國 ……………………………… 17

　　捲煙的發明 ……………………………… 18

　　煙畫的誕生 ……………………………… 19

第三章　早期的西洋煙畫 ……………………………… 21

　　煙畫之父 ……………………………… 21

　　煙畫是致勝的法寶 ……………………………… 23

　　煙畫成為煙草爭奪市場的利器 …………… 26

第四章　煙畫在中國 ……………………………… 29

　　煙畫的輸入 ……………………………… 29

　　首枚具有東方風情的煙畫 …………………… 32

　　國產煙畫的誕生 ……………………………… 34

第五章　煙畫的興衰 ···········37
　國產煙畫的興起 ···········37
　煙畫熱的形成 ···········39
　煙畫的質變 ···········41
　煙畫中的「貓膩」 ···········43
　制約煙畫的四項原則 ···········44
　煙畫的衰落 ···········44
　煙畫的餘波 ···········46

第六章　煙畫有多少 ···········49
　收藏的數目 ···········50
　煙畫之最 ···········50

第七章　煙畫的商業功能 ···········55
　袖珍廣告 ···········55
　宣傳品質 ···········56
　防偽辨假 ···········57
　充當獎券 ···········59
　感情投資 ···········60

第八章　煙畫的文化功能 ···········61
　引進西方文明 ···········62
　反映市井文化 ···········65
　推行科普教育 ···········73
　傳播文學故事 ···········79
　謳歌中國戲劇 ···········91
　發生在煙畫上的首例肖像侵權案 ···········97
　煙畫力捧的京劇明星 ···········100
　煙畫是圖文並茂的《大戲考》 ···········101
　煙畫中珍貴的京劇史料 ···········102
　推廣體育運動 ···········109
　弘揚民族體育 ···········112
　煙畫上的婦女世界 ···········114
　文物精華 ···········123
　迷信與黃色煙畫 ···········125

第九章　煙畫的政治宣傳功能 ……………………… 131

　　愛國言志 …………………………………… 133

　　莫忘國恥 …………………………………… 135

　　政治宣傳 …………………………………… 136

　　義舉賑災 …………………………………… 138

　　奮勇抗日 …………………………………… 139

第十章　繪製煙畫的畫家們 ………………………… 143

　　署名的畫家 ………………………………… 143

　　未署名的畫家群 …………………………… 148

第十一章　煙畫的設計與出品 ……………………… 155

　　早期西洋煙畫的設計技巧 ………………… 155

　　西洋煙畫的漢化 …………………………… 161

　　精心設計科學運作 ………………………… 164

第十二章　煙畫的印製與分發 ……………………… 173

　　煙畫的印製 ………………………………… 173

　　煙畫的分發 ………………………………… 179

第十三章　煙畫的繪畫藝術 ………………………… 181

　　傳統年畫的承繼發展 ……………………… 181

　　書報插圖的延伸 …………………………… 183

　　「月份牌畫」的孿生姐妹 ………………… 185

　　彩色連環畫的先驅 ………………………… 187

　　融貫中西的繪畫技巧 ……………………… 188

第十四章　煙畫是「經濟─文化」的一枝奇葩 …… 191

　　因商而生、因商而長 ……………………… 192

　　文以載商、文以飾商 ……………………… 192

　　文榮商茂、相輔相成 ……………………… 194

　　共存共榮、商止文息 ……………………… 196

跋　白婧 ……………………………………………… 199

第一章　什麼是煙畫

煙畫的稱謂

　　煙畫，是舊日香煙包內所附贈的一種小畫片。正面印有風景人物之類的圖畫，背面則印著香煙廣告或說明文字。是香煙廣告畫的一個品種。

　　二十世紀上半葉，隨著紙煙的推廣，小小的煙畫在世界範圍內曾風靡一時，與郵票、錢幣並行，成為世界三大收藏之一。人們普遍稱之為香煙卡片，在中國則因地域不同對它的通俗稱謂很多。北方稱之為「洋畫」、天津稱之為「毛片兒」、廣東稱之為「野人頭」、港澳一帶俗稱為「公仔紙」。三十年代，在煙畫收藏熱時，有人還特意為之造了一字，稱為「𤷂」，字音為煙，曾公告於報端，擬為其統一正名。但是，人多不識，終末能推廣開來。〔註1〕

〔註1〕三十年代上海煙畫收藏家馮孫眉先生主持《寧波公報》的《香煙牌子專欄》
　　　　期間，曾創造此字，讀音為「煙」做為煙畫的專用名稱。

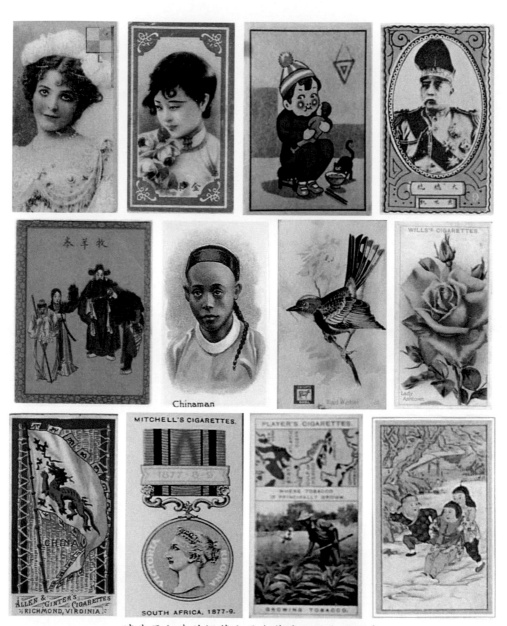

清末民初中外煙草公司在華發行的各種煙畫

煙畫的規格

煙畫的規格不一，因煙包的尺寸所限，最大的為：8.3×6.4cm；最小的是
4.5×3.2cm。一般規格的小片在 6.2×3.5cm 左右：大片 6.5×5.0 在上下最為常
見。小規格的，多附贈於十支裝的煙包內：大規格的，則附贈於二十支裝的
煙包裏面。

　　還有一些較大的畫片，規格為 13.0×21.5cm 和 13.3×21cm 左右，甚至還有 40.0×27.5cm 的大片。它們多是放在二十包煙或五十包煙的大包裝裏的贈品。因為是放在香煙包的外邊，且背面上多印有年曆。所以，筆者將其算為「月份牌」廣告畫之類，而不在本書的討論範圍。而下，我們先簡略地介紹一下不同種類的煙畫。

煙畫的質地

　　如果從質地材料上來分類的話，煙畫有鐵質、玻璃、絲質、錦緞質和紙質之分。紙質煙畫發行得最多，雖說紙有薄、厚、優、劣之分，而總的說來，它的發行量占煙畫總數的百分之九十九強。其他質地的煙畫，原本發行的就不多。能傳至今日的，更是鳳毛麟角了。〔註2〕

　　紙質煙畫：首先我們來說紙質煙畫，因為它的成本低，容易製作，所以在發行總量中佔有絕對優勢。早期的紙製煙畫很厚，有的厚達 0.5mm，是名符其實的卡片。而中期、後期的出品，就越來越薄了。這是與製紙工業的發展和香煙包裝的改進相關聯的。其中，大多是用道林卡和白版卡印製的。

這是一枚紙質煙畫。為 1888 年美國煙公司出品的
《印地安首長》

　　如圖所示，這都是一百年前出品的紙製煙畫。無論是畫上的人物，還是花卉、動物，迄今色彩鮮豔、栩栩如生。人物服飾上的金絲銀線，猶自熠熠生

〔註2〕煙畫的質地的多種多樣，主要出現於上個世紀一、二十年代。在四十年代，金受申先生的《談「洋煙畫」》一文中有載。這些異質煙畫發行的數量有限，目前存世更為罕見。

輝，足見當年的印刷工藝是何等精良。

二十年代，照相術推廣時期，從國外興起了一陣用照相紙洗印的煙畫。把電影明星，山水風景、翎毛寵物的照片直接洗印到煙畫上，形態逼真、清新悅目，頗受人們歡迎。就拿「雙刀牌」裏面的《歐洲名勝》來說，把百年前的凱旋門、羅馬廣場、海德公園的風貌盡展無餘。如今看來，不僅是件優美的攝影作品，而且還有一定的史料價值。

歐美附贈於香煙包內的銀鹽照片煙畫《運動員》和《風景》

這類煙畫大致可分為兩種，一種是平紋上光的，一種是布紋無光的，與今日的照片用紙並無多大差異。我們從這種煙畫的背子來分析，背面的說明文字和廣告印得是那樣清晰。可以聯想到，當時採用機械化連續感光、顯影、洗印的技術，已達到了相當高的水平。這些相紙煙畫大多都是黑白、棕、赭的單一顏色。

這是兩枚英國公司出品的《西洋仕女》煙畫。是用平紋有光相紙洗印後，採用人工敷色的方法製作的，因工序煩索，發行數量有限。

不久，又出現了一些人工著色的「彩色照片」煙畫。如圖，大多是在原

底子上塗以簡單的透明水彩而成。不過，這種煙畫多是外國名牌香煙中的贈品。在國內煙廠的出品中並無此舉。這也是受到技術、設備和成本多種因素的限制所造成的。

三十年代，市場上又出現了一種仿油畫布的布紋紙地煙畫，它是由英國CARREAS LIMITED 公司出品了一套《大英皇帝與帝后》（KINGS AND QUEENS OF ENGLAND）的煙畫。全套 48 枚，是紀念英皇 King Gearge 五世登基而特意發行的。面市之初，轟動一時。

英國 CARREAS LIMITED 公司出品的《大英皇帝與帝后》

煙畫之一

如圖所示，其工藝，先是將人物肖像七彩精印到一種特製的卡紙上，然後再用一種仿油畫畫布的布紋版沖壓、上光，這樣得出來的效果，與油畫實物十分相似。使得這種煙畫別開生面，像一幅幅袖珍的小油畫。頗受收藏者的珍視。大概因為它的工藝複雜，成本不菲，所以曇花一現，並未得到推廣。但是，這一工藝卻開拓了歐洲油畫仿印技術的先河。

圖為英國煙廠在十九世紀末葉出品的鐵質煙畫《淑女》

鐵質煙畫

　　圖中所示，這是筆者收藏的兩枚橢圓型的鐵質煙畫。從背子上看，是塊可以生繡的洋鐵皮。正面印的是位名媛淑女，清秀的五官、華美的衣服，展示了英國貴婦的高雅氣質，表情矜持，神態可人。

　　這種煙畫本是用於鑲嵌於高級香煙盒內的裝飾畫。它出自一百年前的英國，是專供宮廷御用或達官顯貴們享用的香煙中，才能有的裝飾品。此種高級香煙進入中國的更為稀少，多是外國使節、富商巨賈用做交通人情、禮儀饋贈的用品。五十年代，故宮博物院舉辦了一次「慈禧皇太後宮廷生活品展覽會」。在煙具部分內，曾展示過這種煙匣。它是有首飾盒一般大小，錫胎包銀，華美非常。匣內放著紙煙和一隻翡翠煙嘴，匣蓋的內壁，鑲有兩枚這種煙畫。由此，我們可以瞭解到當時香煙的等級分類。在極品香煙中，它的包裝奢華，連煙畫也不與眾同，完全是為了迎合上流社會奢侈生活的需要。

　　彼時，印鐵技術剛剛研製成功，還未廣泛地應用到工業產品的生產之中，反被煙商採用到煙畫印製上面去了。〔註3〕

　　此外，還有一種銅質煙畫。是用凹凸版沖壓銅片所得出的圖案，古色古香，極具特色，不僅極具觀賞價值，還可以長久保存。與之相近的，還有一種錫質煙畫，是在錫質地子上加印彩色圖案，因為印色的附著力差，所以沒有推廣開來，目前存世極少。

〔註3〕印鐵製罐技術是在經過特殊處理後的洋鐵上印出精美的圖案，這項技術是百年前西方近代工業上的一項重要發明，主要是用在罐頭盒、筒等裝璜容器之上。剛一投入工業生產，就被用來製作香煙盒子。用到鐵質煙畫上，工藝要求就更為精道了。

以上是筆者收藏的比較罕見的銅質和錫質煙畫

這是幾枚出品於二十世紀初的絲質印花煙畫。圖中的花卉
蝴蝶是用酸性塗料網印而成。

絲綢質煙畫

　　圖中的這枚絲織品上邊，印有鮮鮮靈靈的花卉，帶露凝香、嬌豔欲滴。它是歐洲煙廠在上世紀初發行的煙畫。也是本人收藏中絲質煙畫中的一枚。您看它的底紋，密實起緞、絲絲生色、輕柔細軟、溫馨可人。它是一種置放在匣裝香煙盒的贈品。當吸煙人打開煙匣的時候，第一眼便可看到這樣一枚印花織物，覆蓋在香煙之上，散發著淡淡的芳香，這是何等清心快目的享受哇！它不僅顯示出香煙品質的名貴，更襯托出吸煙人的高貴身份和高雅的風度。

　　細考，一百年前酸性塗料和絲網印花技術也是剛剛發明，同樣還未應用到印染工業當中。而煙商們便捷足先登，使絲印工藝在試驗室裏就派上了用場。你看，經過分色、複色、套印、整理等十幾道工藝工序，印出來的圖畫是多麼活潑、生動，富於立體感。使得這朵花兒盛開百年、至今不謝不凋。成了件美不勝收的藝術品啊！〔註4〕

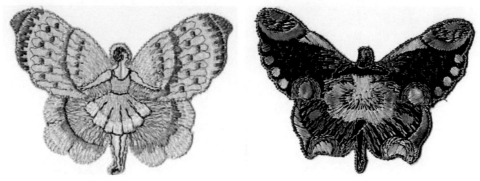

這是一枚歐洲的絲質提花煙畫，頗富立體效果。出品公司不明。

提花煙畫

　　也是絲質煙畫中的一個品種。這種煙畫，在上個世紀二十年代，曾在歐洲流行了好一陣子。圖案多是各種西洋軍徽、族徽和旗幟圖案等。它的製作工藝反映出，歐洲從縫紉機發明之後，接著又發明了機械提花、機械繡花等一系列新機械。用它們製作煙畫，也是一種驕傲的顯示。

　　絲製煙畫、提花煙畫在中國市場上出現得並不多，最早現身於北洋軍閥袁世凱在津門舉辦的「博覽會」上。後來，在市面上一種叫「玉棒」牌香煙中附

〔註4〕絲網印花是近代的一項重要發明、它是用絲絹通過感光製版、進行塗料漏印的一種印染技術。發明於十九世紀末葉，二十世紀一十年代臻於完善，二十年代進入工藝應用。

有此類煙畫。只因為它發行不多，而且不好收藏，今日更是難得一見。在西方的骨董市場上，偶而還會發現一些這種絲織品，但僅為隻鱗片羽而已。〔註5〕

玻璃煙畫

在舊日的文獻中，金受申先生曾提到過有一種玻璃煙畫〔註6〕。多少年來只聞其說，未識其面。二十年前，筆者在亮馬橋舊物市場的一次閒逛中，卻偶然間發現了此物。遂傾囊購得，現刊之於此，與讀者共娛。

這是一枚日本在光緒二十五年前後的出品，是附贈於精裝「孔雀」牌香煙內的贈品，長為 50mm，寬為 100mm，厚為 3mm。四角為橢圓形，是一塊兩層雙色玻璃畫片。下層無色透明，上層是通過腐蝕磨砂工藝處理的洋紅孔雀圖案。最上端用中文橫書「孔雀牌」三字和英文 PEACOCK CIGARETTES。下面則是公司名稱。這種工藝，猶如鼻煙壺中的「老套紅」一般，持重老道、晶瑩可愛。展現了當年日本國玻璃工藝的高超技藝。因為玻璃製品質地脆弱，能留存至今的，實為碩果僅存。此外，據文獻記述還有木質煙畫、骨質煙畫種種〔註7〕，因筆者未睹實物，就不能妄論了。

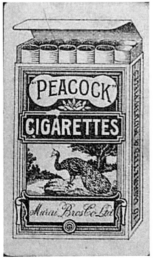

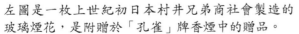
左圖是一枚上世紀初日本村井兄弟商社會製造的玻璃煙花，是附贈於「孔雀」牌香煙中的贈品。

西臘煙草公司出品的瓷質煙畫。

〔註 5〕提花機是在紡織機和縫紉機的基礎上發明的。它是用不同色線經緯在結構和上下織序的變化中，織出不同的花色圖案。提花的方法在東、西方古已有之，但發展成現代化機械生產，則還是近代的事情。

〔註 6〕玻璃煙畫見筆者文《日本玻璃煙畫》〔日〕《煙史研究》第 86 期，2003，56 頁。

〔註 7〕見金受申先生的《談「洋煙畫」》一文。

異型煙畫

煙畫的外型並不侷限於長方型，圓的、橢圓的、三角型的、多邊型的、多角型的。隨畫變型的，也時常出現。在外型上大做文章，目的也是為了增加人們的注意和興趣，增強對產品的宣傳效果。還有一些煙畫，可做成小裝飾、小玩具，或當成書籤、書票使用。這種煙畫構思巧妙，在煙畫王國中也算獨樹一幟。

圖為英美煙公司發行的《異型煙畫》

絲毯煙畫

絲毯煙畫是一種仿波斯掛毯的精巧織物，十分獨特美觀，在上世紀二十年代也流行一時。大多置放在進口鐵盒裝的高級香煙內，背面有出品公司的印跡。筆者存有二十餘枚，特展示如下與讀者共賞。

筆者收藏的仿小型波斯掛毯的煙畫

綜上所述，我們僅從外觀和質地上就可以看到煙畫的豐富和多樣性，也可以看到煙商們是如何重視煙畫的設計和製作。他們用心良苦地把各種各樣

的新發明、新技術，及時地應用到煙畫中來。堆金砌玉、嘔心瀝血，不遺餘力地創造著煙畫出版史上的奇蹟。

煙畫的背子

在鐵質、絲綢質、玻璃質⋯⋯種種煙畫中，一般地說不存在背子的問題。這裡要說明的主要是紙製煙畫。紙製煙畫的背子簡單地可分為：白背、說明背和廣告背三大類。〔註8〕

白背

也稱素背子，也就是說煙畫的背面是白色的，或是原紙色的，上邊什麼也沒印。這種背子的出現有幾種原因：

一，是商家為了一種煙畫，多種使用。比如英國煙廠出品的《歷代名器》煙畫，原是附贈於「山東牌」香煙中。因受到歡迎，便不在背子上加印「山東省地圖」的圖案了。這樣，就省去了煙畫與煙標不一致的問題。同一種煙畫可以的在多種牌號的煙包中使用。

二，是商家有意識不在煙畫後邊加印背子。比如說，發行「過於敏感」題材的煙畫，或「犯禁」題材的煙畫，諸如「裸體畫」，「淫穢畫」和某種「違時的政治畫」。

說明背

印有單色文字，用以說明煙畫正面圖畫的內容。例如《三國》、《水滸》類成本大套的煙畫。背子上密密麻麻地印滿縮寫後的原著文字。

以上印有煙畫說明的文字說明背

〔註8〕見金受申先生的《談「洋煙畫」》一文。

另一種，如《紅樓》、《西遊》等人物繡像畫，背子皆印有詩文或人物讚語等。還有一些文字背，被用來宣傳「愛國」，「黨義」之用。或是用來說明如何兌獎和兌獎條件等等。

廣告背

用單色印有「有圖案的，或是沒有圖案，而只有文字」廣告的煙畫。有圖案的，往往印的是公司建築、產品外觀、或是已注了冊的徽志圖案、或是具有一定象徵意義的圖案。如扛著地球的巨人，持刀橫立的海盜……，這都是人們熟悉的人物；哈德門、紅雙刀……，也都人們熟知的圖案。那些純文字的廣告，更是單刀直入地向人們進行促銷，體現著煙畫的基本功能。

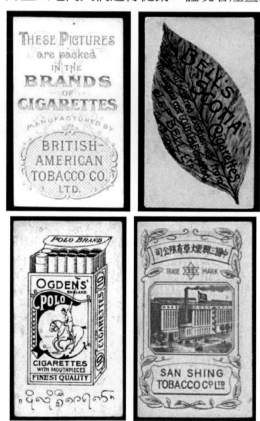

複合背

在香煙和煙畫剛一進入中國的時候，煙畫還是原裝的「洋」模樣，背子是洋文、洋廣告，洋說明。為了讓中國人看得明白，就在原背子上又加印了一版中國字，形成二次印刷的複合背。例如「老刀」牌中的《世界議會》煙

畫；威爾士公司的《世界物產》等，都是複合背的代表作。

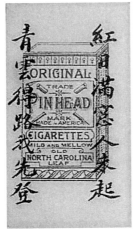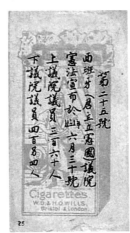

圖中為「老刀」牌中的《世界議會》煙畫的複合背子和為威爾士公司
《世界物產》煙畫的複合背子

　　綜上所述，煙畫的質地和品種極多。然鐵質、玻璃質、磁質、錦緞質、絲綢質煙畫，發行量均很少。唯獨紙質煙畫發行最多，占全部煙畫的百分之九十九強。

　　從發行數量來看，自有捲煙之日起，到二十世紀上半葉期間，中外煙廠競相印製發行，隨著一包包的香煙風行世界各地，進入民間市井，何止億萬萬之數！

　　從煙畫的內容來看，包羅萬象，種類繁多；僅筆者所藏的煙畫中，天文地理、中外古今、民俗風物、市井世相、文學典籍、飛禽走獸、花鳥魚蟲、已無所不包、無所不納，真可稱得起是一部「小中見大的百科全書」。

　　這些小小的煙畫既非名家製作，又非金玉其質，僅僅是煙商的宣傳品，兒童的小玩意兒，形式上俗之又俗，但它偏偏誕生於清末民初，經歷了上世紀翻天覆地的歷史性變革，自身豐富多彩的內容，所積存的深厚文化內涵，無不銘刻著時代的烙印。整理這些煙畫，宛如聆聽一位經世的老人，娓娓而談地述說著逝去的歲月，使我們重新檢點塵蒙的往事；時不時又有新的啟迪和發現，給人帶來陣陣激動和歡欣。做為大文化中的一個細小的偏支，深入地挖掘起來會湧出無盡的甘泉。給社會學、民俗學、民間工藝史、民間美術史等領域，留有豐富的史料。這也是小小的煙畫值得重新理解和認識的魅力所在。

第二章　煙畫的產生

煙草的發現

研究煙畫，需從煙草說起。

煙草，是茄科一年生草本植物，最早生長於美洲。據考古發現，建成於公元前 432 年的墨西哥南部賈帕思（Chrapas）州帕倫克（Paiengue）的神殿中，就刻有瑪雅（Mayan）人用長煙管吸煙的浮雕石像。由此推論，早在公元前二千多年，美洲印地安人便開始種植煙草並吸食煙草了。在他們的眼裏，煙草是一種天賜的「神草」、是一種「還魂的藥草」。吸食不僅可以祛病，還會有人神交感之妙。在重大的慶典、集會和宗教儀式上，吸煙祈天祭神的巫卜，更是充滿神秘色彩。〔註1〕

Rauchender Mayapriester
Ein Steinrelief vom Mayatempel von Palengue
(um 300 n. Chr.)

Ein rauchender aztekischer Priester
Aus einer Bilder-Handschrift um 800 n. Chr.

TYPES OF SMOKERS

NORTH AMERICA

〔註 1〕見金聞博，劉祥春編《煙草工業史略》，合肥經濟技術學院出版社。

早在公元前二千多年，美洲印地安人便開始種植煙草並吸食煙草了。

1492 年，哥倫布發現新大陸，他們在聖薩爾瓦多的瓜納海尼島看到土著男女，
人人手中都擎著一支「燃燒的炭」，遂命名「多巴哥」。

　　1492 年，哥倫布（Christcpher Columbus）發現新大陸，當他和他的船員
們在聖薩爾瓦多的瓜納海尼（Guanahani）島看到土著男女，人人手中都擎著
一支「燃燒的炭」（Ciowing Coals）時，無不大驚失色。這是歐洲人首次與煙
草邂逅。他們就把盛產煙草的加勒比島，命名為「多巴哥」（Tobago）。〔註2〕

煙草的傳播

　　1558 年前後，葡萄牙水手高斯（De Goes）把煙草的種子帶回了歐洲。
據說，當時法國駐葡萄牙大使尼古特（L. Nicot）對這種植物特別感興趣，便
精心栽種在自己的花園裏。當收穫了煙葉之後，就把它曬乾自己試著吸食。
一股清煙散後，頓覺提神醒腦，且有鎮定解痛的作用。於是，他就把煙葉搗
碎，製成鼻煙，進貢給法國皇太后加瑟琳·美迪斯（Catherino de Medici）。
太皇吸用，竟然醫好了她久治不愈的頭痛病，因此轟動朝野。煙草便成了宮
廷寵物。宮裏宮外遍加種植，時人譽之為「太后草」。朝廷為了記念尼古特
培植煙草的功勞，特命名煙草為「尼古丁」。自此，煙草在歐洲得到了廣泛
的種植。〔註3〕

〔註2〕見哥倫布隨員帕內（Romon Pane）著《日記》（FraRnmana Panes），是人類關
　　　　於煙草的最早記述。
〔註3〕見《中國煙草史話》，中國輕工業出版社，1973。

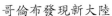

哥倫布發現新大陸

最早把煙草帶入歐洲
的第一人

煙草進入中國

　　明朝萬曆年間的中國，經濟發達，對外域開放，對外域文化的傳入也十分豁達。歐美的傳教士、西曆、鐘錶、紅衣大炮亦相繼進入華夏。煙草，隨著里斯本的期航船隊，先傳入呂宋、南洋。不久也傳進中國。明代科學家方以智說：「萬曆末，有攜淡巴菰至漳泉者，馬氏造之，曰：淡肉果。漸傳至九邊。皆銜長管而點火吞吐之，有醉撲者」。〔註4〕這是煙草進入我國時，最早的文字記載。中文稱煙草為「淡巴菰」，無疑是英文「Tobacco」的譯音。明代名醫張介賓在《景岳全書》中稱：「此物自古未聞也。近自我明萬曆時始出於閩廣之間，自後吳楚間皆種植之矣」。〔註5〕足見，煙草進入我國應為 1573 年至1619 年之間。

　　另有一說，煙草是從日本經朝鮮傳入我國東北。朝鮮《李朝仁祖實錄》載：「南靈草，日本國所產也。其葉土者可七八寸許，細截之而盛之竹筒，或以銀，錫作筒，以火吸之，味辛烈，謂之治痰消食，而久服往往傷肝氣，令人目翳。此草自丙辰丁巳間越海來。」其中，南靈草即是煙草；丙辰丁巳的紀年，當是西元 1616～1617 年前後。

〔註4〕明方以智著《物理小識》。
〔註5〕明張介賓《景岳全書》。

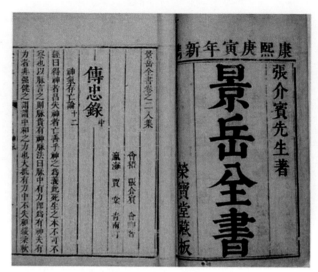

清康熙庚寅刊本《景岳全書》

捲煙的發明

在吸煙的方式上，中國人和西方人士最早都是採用鼻煙、旱煙和水煙的方式吸用的。美國的普通人還採用嚼食煙葉的方式吸用，俗稱嚼煙。那麼，紙捲煙草吸用的方法是誰發明的？研究者有著多種說法。有的文章說，它的是中國人的發明，言說在道光年間，閩、廣一帶就有人用這種方法吸食旱煙了。有的說，這種方法是從日本或菲律賓傳進來的。另有一說法是；紙卷香煙源自埃及；十九世紀三十年代，埃及士兵在攻打土耳其喬恩特城時，截獲了一支運送煙草的駱駝隊。士兵們煙癮大發，急切中沒有煙斗，就用包子彈的紙張，把煙末捲起來抽用。大家如法炮製，就逐漸演變成了現在的紙煙了〔註6〕。

筆者認為，無論用何種方式方法吸煙，主要要看這種方法是否已經形成氣候，也就是說，是否被大多數吸煙人接受，並且有了規模性的生產形成。如果，這兩點均未具備，就不能斷言是一種新的發明誕生。

筆者認為以下的論證較為確切。根據美國煙草史專家理查德·克魯格（Richard Kluger）先生的考據，在紙煙發明之前，美國人吸食煙草多採用嘴嚼的方式進行。這種方式又髒又土，很不雅觀。美墨戰爭期間（1845～1848），出現了用紙卷煙草吸食的方式，它是美國士兵在戰壕裏休息時的一種發明。用這種方法吸煙，既衛生又方便，著實有不少有嚼煙嗜好的士兵們前來仿傚，

〔註 6〕關於捲煙是中國人之發明，見《煙草百科》；光明日報出版社版，2000。關於捲煙是埃及人的發明，見上海人民美術出版社《老廣告》一書，1998。

並且給予熱心推廣。於是，用紙卷吸煙的方法就漸漸廣泛地流傳了起來。

這一新的需求，啟發了在北卡羅萊納州首府羅利開設煙廠的約翰·B·格林先生。因為該州出產的「淡色」煙草和白肋煙的品質優良，味道甘美，深為煙民喜愛。所以，他生產的「達勒姆公牛」牌煙絲一向銷路極佳。他在生產煙絲的同時，開始試著生產一種「自捲自抽」的白杆捲煙。是採用散裝，成束售買。一上市，就有了一定的銷路。這種已經有了一定產量，也有了一些消費群體時，應說是紙製香煙才正式誕生了。時間大約在十九世紀六十年代初期。

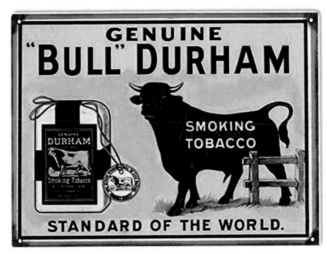

北卡羅萊納州首府羅利開設煙廠的約翰·B·格林先生
生產的「達勒姆公牛」牌煙絲一向銷路極佳。

根據美國的《全國稅收資料》的統計，到了 1865 年，全美國紙製捲煙的產量已有 2000 萬支的數量〔註7〕。到了十九世紀六十年代，該廠就開始生產用手工紙卷香煙的工廠。此時，絢麗多彩的香煙畫片便應運而生。

煙畫的誕生

最初，紙製捲煙是三支、五支、十支為一包的軟包裝。為了使煙包挺括，便於保存和攜帶，生產商就在每裝內放一張小硬紙卡，規格在 3.6×6.2cm 左右，以妨止捲煙的折損。這種硬紙卡就是煙畫的雛型。後來，生產商又在硬紙卡上印些風景、人物和飛禽走獸等圖畫，使其成為一種小禮品，附贈給吸煙的人。當煙商意識到這枚小小的畫片是一種絕好的宣傳媒體時，就又在畫

〔註 7〕見美國煙草史專家理查德·克魯格（Richard Kluger）先生著《煙草的命運》
（ASHES TO ASHES）一書。

片的背面印上產品廣告、公司名稱和地址等，號召消費者購買。至此，香煙畫片就成了聯絡消費者感情的廣告宣傳品。

　　據美國作家理查德・克魯格先生考證，最先出品煙畫的是位於里士滿的阿倫─金特公司。他在《煙草的命運》一書中說：「公司的產品是緊湊的紙包裝，外面引人注目地貼著說明產品特性的標籤。為了使包裝方正，公司在裏面塞入了一張有石印畫的小硬紙卡，這同時也是給顧客的一份回報禮物。這些五彩繽紛的小紙片是成套設計的，內容有刺激消遣者視覺的十大風景、萬國國旗、著名戰役、外國顯貴、印第安人首領、橄欖球運動員、拳擊手、女演員，還有一整套的珍稀動物寓言集」等。出品的時間大約在 1875 年前後。也就是說，在手工卷製紙煙時代，絢麗多彩的煙畫便已赫然登臺亮相了。

以上是美國紙捲香煙最早出品的煙畫。這些作品中已出現中國婦女和黃鶴樓的風景。

　　1880 年彭薩克捲煙機發明之後，每分鐘可生產二百至二百一十二支香煙。從此，香煙便進入了工業化生產的時代，煙畫的發行也隨之進入高潮。

第三章　早期的西洋煙畫

　　繼「阿倫—金特」公司的成功之後，又有不少捲煙廠隨之出現，手工紙卷香煙得到了進一步的推廣，成了一種受廣泛歡迎的產品。1876 年，在費城舉辦的《美國百年博覽會》上〔註1〕，「阿倫—金特」公司的紙製捲煙，作為一種新穎的、正規的產品，堂而皇之地步入了「大雅之堂」，接受廣大消費者和分銷商們的品評。在這個展覽會上，紙製捲煙出人意料地大出風頭，而且像冰淇淋一樣受到了大人、孩子們的歡迎。

　　請注意，大人們歡迎的是這種香煙的輕巧方便，而孩子們則歡喜著五光十色的香煙畫片。在報刊和書籍還不發達的時代，一枚精製的畫片可以一傳十、十傳百地傳看下去，而且令人愛不釋手。這種效應，今人雖難以理解，但還是不難推理想像的。

　　香煙畫片初期的題材和內容是幼稚的、無固定題材、無一定目的的。當煙商們發現煙畫背子可以利用時，就開始加印公司廣告，進一步開發了它的商用價值。從而，自覺不自覺地把「經濟—文化」概念引進到這一傳媒之中了。

煙畫之父

　　如果說劉易斯·金特是煙畫的發明人，而付與煙畫生命的應是「美國煙草大王」華盛頓·杜克和「銷售天才」愛德華·斯莫爾先生〔註2〕。

〔註1〕美國百年博覽會是 1876 年在費城舉辦的一次大型工業展覽會。其中，新開發、新研製的輕工日用產品佔有十分突出的地位。照相機、縫紉機、剃鬚刀、花露水、肥皂、冰淇淋、口香糖、罐頭製品等紛紛登場。手卷香煙也是第一次正式登堂入室，開始了廣泛推廣。

〔註2〕愛德華·斯莫爾先生是來自美國南方的一個精明的小夥子，他得到杜克先生的賞識，於 1881 年出任杜克公司銷售經理，他將毛利潤的百分之二十用到廣告宣傳之中，取得了驚人的成績。由於推銷有術，逐漸盛氣凌人。1888 年與杜克分道揚鑣。後又受聘於「阿倫—金特」公司。

　　杜克和他的兒子巴克，本是農民出身，後來靠肩挑手提、白手起家地在「阿倫—金特」公司的鄰近，經營起自己的一個小煙廠。最早也是把煙葉切絲售買。當他們看準了紙製捲煙有著不可估量的發展前景時，就毅然決然地購進了數臺彭薩克捲煙機〔註3〕，而且與發明人議定，佔有了捲煙機銷售中的百分之二十五的權益。1881年，「達勒姆杜克」牌香煙正式登場，就此開創了機制捲煙大規模生產的新時代。清注意，他們的產品也仿用了「阿倫—金特」的做法，在每一包香煙中，都放有一枚煙畫。

煙畫之父華盛頓·杜克的肖像

　　為了大手筆地推銷出公司每分鐘上千支香煙的生產量，杜克重金聘請了銷售天才愛德華·斯莫爾。這位聰明能幹的斯莫爾，是一位來自美國南方、充滿朝氣、能說會道的青年人。在如何推銷產品方面，確確實實有著一套獨特的見解。杜克先生慧眼識英雄，降貴紆尊，登壇拜帥，授權斯莫爾為銷售總經理，全權處理紙煙的推廣和銷售。他在任期之內，果然不負眾望，對促銷、宣傳、廣告、公關諸方面，都做出了突出的創造和貢獻，使杜克香煙名冠

〔註3〕彭薩克捲煙機是在十九世紀七十年代在「阿倫—金特」公司懸獎7.5萬美金的鼓勵下，由年僅十幾歲的詹姆斯·阿爾伯特·彭薩克研製成功，並於1880年獲得了專利。但是，在高速生產可以替待人工的機械面前，「阿倫—金特」公司只試用了幾次，便猶豫了起來，並未正式使用。杜克先生的公司卻率先把這種機械開動起來，開創了機制捲煙的先河。

全國。應該說，他是早期廣告史上的一位相當傑出的人物。這裡，對他在別的方面貢獻暫不做討論，他在煙畫方面的創造，獨具開山之功。

煙畫是致勝的法寶

早期煙畫存留至今的實物不多，有關文字記述也甚為了了。現僅以筆者所見到、讀到的隻鱗片羽的資料，對斯莫爾先生在煙畫上的樹建，並使煙畫成為商業競爭中克敵致勝的法寶技巧，淺述如下：

其一，微笑服務，以柔克剛。

當年，美國的煙草形象是最早的煙絲品牌——「達勒姆公牛」。這條生有雙角、威風凜凜的公牛，代表著勇猛、堅強、剛毅和勇往直前的精神。它以陽剛、暴戾、不可一世的姿態君臨天下。幾乎所有賣煙草的地方，都掛著這隻公牛的標誌。「達勒姆公牛」如日中天，要與之競爭上下，簡直是勢比登天還難。

惟獨聰明的斯莫爾不懼怕這頭公牛。他腦筋一轉，另闢蹊徑，用金錢和自己的三寸不爛之舌，說服了正在美國走紅的法國女演員——麗婭夫人。使她心甘情願地為公司產品充當形象廣告。他要用紅顏的嫵媚、佳麗的秋波和發自美人朱唇上的甜蜜微笑，來戰勝這匹充滿野性的公牛。他把麗婭夫人的肖像供奉到用香煙壘起的祭壇之上，又把她那含情脈脈的神態印上煙畫，藏入香煙包內。通過銷售把麗婭夫人的微笑，送到每一位吸煙朋友們的手裡。這一招真靈，他贏得百分之九十九男人的歡喜，任何膘悍的公牛在美女的笑靨面前，都得垂下高昂的頭。

後來，他們又聘請了一位一向以自己健美的身軀和相貌自豪的葆妮·瑪克琳（Bonny McGinn）小姐，加盟到公司裏來，並且為她披上了古代戰士的戎裝，手握一柄利劍，颯爽英姿地出現在公司所有的宣傳廣告上，為產品繼續推行行之有效的「微笑」服務。在筆者的集藏中，就有一張這位葆妮·瑪克琳（Bonny McGinn）的玉影煙畫，雖然已殘損不堪，但亦足可看到杜克公司開山時期煙畫製品的風貌。今附印於此，以為佐證。且不管麗婭夫人和瑪克琳小姐，她們本身會不會吸煙，對煙草感不感興趣，但她們手持捲煙的優雅姿式和手操利劍的高傲的神態，在「懷柔」男性煙民的同時，也在爭取著女性的青睞。為開拓女士吸煙——這片未曾開墾過的處女地，麗婭夫人和瑪克琳小姐身先士卒，也為公司邁出了勇敢的一步。這也是戰勝「公牛」，創立新名牌之外的又一收穫。

筆者珍藏的繪有葆妮·　　　　　　《煙草歷史》一書中刊登的
瑪克琳小姐形象的煙畫　　　　　　美麗的葆妮·瑪克琳小姐的玉照

其二，祭起「性」幟，衝擊禁區；以色迷人，以色促銷。

喚起男性潛意識的渴望和幻想，這是斯莫爾設計煙畫的又一招術。因為，煙畫小巧，又是放在煙包之內。香煙在未開包之前，它富有一定的神秘感和私密性。一旦打開煙包，再從裏邊抽出煙畫仔細端詳之時，猛然間給上一個意想不到的、強烈的感官刺激，自然會加深購買者對品牌的認識和記憶。而且，為下一次購買造成一種希冀和「條件反射」。

早期的美國煙畫《微笑的女人》

　　古人曰；「食、色性也」〔註4〕，莫爾斯深諳此道。他在不觸及美國法律的情況下，印製了一系列《運動著的少女》煙畫。這些活潑可愛的少女，穿著運動服裝，做著各式各樣的、富有挑逗性的動作。緊身的上衣，顯露著女性的粉臂酥胸；緊身的短褲，展示著女性的美腿豐臀。它並不是「春宮」畫，但給異性創造出了「充滿遐想的空間」。當時所起到的作用，堪比十萬天兵，一下子就俘虜了無數自以為是的男性煙民。

杜克公司早期出品的《沙灘少女》煙畫。這些活潑可愛的少女穿著運動服裝，做著各式各樣的、富有挑逗性的動作，頗受男人歡迎。

　　這一戰績與美國當時的國情有關。一百三十年前的美國，它沿襲著英國保守、拘謹、封建的習俗和民風。從輿論上，對女德的詮解，即嚴且刻。任何具有性挑逗意識的創造，都會導致社會輿論的大嘩。然而，斯莫爾打的是一個「擦邊球」〔註5〕，法律對之也無可奈何。由此，這類煙畫自成體系，謂之「莫爾斯」效應。

　　這一舉措的成功，導致了宣傳品的爭相倣仿。於是，裸女煙畫相繼出臺。裸女煙畫最早出現於法國公司的出品。法國一向是個充滿藝術浪漫的國家，對裸體藝術早已熟視無睹。但《裸女》題材一旦出現在異國的煙畫上，當即被視為「春宮」無二。《裸女》出現之處，無不為社會輿論的強烈反對，招致群起而攻之。最終都要驚官動府，遭到明令禁絕。明治三十一年的日本、民國初年的中國，都出現了一系列這種公案〔註6〕。

〔註4〕見《論語》。
〔註5〕擦邊球是乒乓球運動中的一個術語。把球打在對方的球臺邊上、似沾未沾，即使對方無法接球，也便得裁判員難以決斷。謂之擦邊球。
〔註6〕見明治三十一年六月十五日《朝日新聞》，村井兄弟商會社禁除美術裸體畫的廣告。

於二十世紀初隨著進口的法國香煙所附贈的《裸女》煙畫

其三，名人效應；使人憧憬。

啟動名人效應，也是斯莫爾在煙畫設計中的率先創造。他在 1882 年前後，曾發行了一組《致富之路》的煙畫。把當時出身卑微，通過艱苦奮鬥、最終成為富有的商人、名流和各種「上等人」的形象，統統印到了煙畫之上。這些真實的故事，對那些徬徨失意、落拓徘徊的窮煙民們，會產生無限的崇拜和嚮往，亦會給他們以鼓勵和鬥志。這一招，在廣告心理學中是一筆繪聲繪色的濃彩重墨。對從事促銷業的後學者們說來，也是一項有益的借鑒。

煙畫成為煙草爭奪市場的利器

在杜克先生的支持下，斯莫爾把銷售收入毛利潤的百分之二十，都用在了廣告印製和產品的宣傳造勢活動中去了。香煙畫片是其中十分重要的一項內容。產品所到之處，五光十色的煙畫四處橫飛，使人眼花繚亂。據當年的文字記載；競爭不敵的對手們，無不咒罵「這些該死的玩意兒」〔註7〕。

杜克先生對這些幫助他爭城奪池的煙畫愛之有加。他兜裏時常揣著這些畫片，向名片一樣，不無驕傲地走到哪裏就送到哪裏。不管是在他游說美國五大煙業公司連手合作之時，還是獨步歐洲，打算收購英國煙廠的時候，懷中都揣著自己的出品——香煙和煙畫，它們在任何場合，都是聯絡感情、協調氣氛的最佳物品。此時的煙畫，已成為香煙的替代符號，煙畫的出現就代表著香煙的到來。在一個相當長的歷史時期，煙草在攻佔世界市場的任何一個區域之時，煙畫都是一種利器，充當著衝鋒陷陣的排頭兵。

〔註 7〕見藍翎《父子兩代藏煙畫》一文，《收藏雜誌》，1999。

最早的煙畫

如上所說，這些早期的煙畫現在完整存世的不多。東方的研究者多稱英國威爾士公司 1894 年發行的《世界陸軍》為第一套作品〔註8〕。筆者在加拿大圖書館中查閱有關運動卡收藏的書籍時，發現書中記載的最早煙畫，是 1886 年美國 Coodwin & Co 公司發行的，印有「紐約巨人棒球隊」運動員 Old Judge New York Giants 肖像。它是附於「老法官」牌（Old Judge Cigarettes）香煙內的贈品。

1886 年美國 Coodwin & Co
公司發行的，印有「紐約巨人
棒球隊」運動員。

美國煙廠在 1879 年發行的
出版物，應該說是迄今發現
面世最早的煙畫之一。

美國收藏家丹尼斯（Dennis Owyang）先生曾向筆者提供了一枚印有 MARQUIS OF LORNE 和 CIGARETTES 文字的肖像煙畫，是一家美國煙廠在 1879 年發行的出版物，應該說這枚煙畫，是迄今發現面世最早的煙畫之一〔註9〕。

最貴的煙畫

任何事都是以稀少為貴，煙畫也是如此。據 2000 年 4 月美聯社報導，一枚美國煙草公司（American tobacco Co）在 1909 年發行的煙畫——捧球明星

〔註 8〕見〔加〕列治文圖書館藏《1909-11 T206 White Border》。
〔註 9〕見筆者文《方寸之間大千世界》刊於加拿大《文化中國》雜誌，2002，第二
期，文化更新中心編。

韋納（Wagner Border）。因為這幀煙畫在出版時與煙廠發生了爭執，只發行了64枚。所以至為珍稀。在拍賣交易中，這枚煙畫是以185萬美金易手成交的〔註10〕。時至今日，這枚煙畫的價值不知又翻了幾翻。

當今最貴的煙畫——美國煙草公司在1909年發行的捧球明星韋納。　　　　　　　韋納的照片

　　目前，社會上收藏煙畫的人士已不多了，煙畫的發源地——美國、加拿大，現在還時興「運動卡」的收藏。因之，早期運動員煙畫亦會得到份外的青睞。唯有英國，目前仍然流行煙畫的收藏活動（只限於西方的出品），存在著有行有市的交易市場和收藏協會的活動，每年他們還定期舉辦煙畫展覽和展銷。可見，金特先生發明的煙畫，不僅是一種文化財富，而且是一種有價有值的經濟財富。

　　總之，在1880年彭薩克捲煙機發明之後，每分鐘可生產二百至二百一十二支香煙。從此，香煙便進入了工業化生產的時代，煙畫的發行也隨之進入高潮。

〔註10〕見2000年9月8日美加版《星島日報》的報導。

第四章　煙畫在中國

煙畫的輸入

　　在我國，最早記述國人吸用紙煙的記錄，是見於 1884 年出版的《津門雜記》一書，作者張燾。書中記載了津門在開埠之後，天津人逐漸開始吸用紙煙的情況。他說：天津紫竹林地區住著許多廣東商人，他們到此經商，便從廣州帶來了紙煙，久而浸染，天津就有人抽紙煙了。這種紙煙來自外域，也是因為廣東與西方接觸更早的緣故。

　　更確切些地記錄，則是《頤中檔案》的記載，機制捲煙在我國出現的時間是 1885 年。上海的美商茂生洋行正式代理銷售美國杜克公司生產的「小美女」牌香煙。〔註1〕

1885 年上海茂生洋行代理銷售美國杜克公司生產的「小美女」牌香煙

最早附贈於煙包裏的煙畫

〔註 1〕《頤中檔案》；見中國社會科學院編《英美煙公司在華企業資料彙編》，中華書局，1963。

當時的洋行，是外商投資、專門代理銷售西方出產的貨品，種類繁雜，小至懷錶、香水、剃鬚刀，大可代辦軍火、槍支彈藥等業務。香煙無非是一種捎帶手的小商品。一起手，並引不起人們的興趣。據上海工商局編輯的《上海捲煙行業韓章同訪問記錄》（1957年5月）一文中寫道：「這種香煙兩頭能吸，國人只覺得好玩，而無人購買」。

真正使香煙在中國得到推廣的是1889年，美國杜克公司聘用的銷售代表C. E. 菲里斯克的到來。他攜帶著「品海」、「老車」兩個牌號的紙煙登陸上海。一改以前那種洋行坐店經營的老方法，出面聯合了七家洋雜貨店的老闆，如「葉德馨」的葉益水、「乾坤和」的蔣正元、「永泰棧」的鄭伯昭、「永仁昌」的嚴維周等一起合作，經營紙煙。因為，這些商人最瞭解中國人的消費心理。在大張旗鼓進行廣告宣傳的同時，菲里斯克代頭向路人無償贈吸香煙，鼓勵大家吸用。

另一方面，他在中國商人的引導下，結交聞人權貴，用香煙饋贈達官巨室。不久就取得了豐厚的還報。

菲里斯克代頭向路人無償贈吸香煙

美國煙葉從本質上就優於我國的土煙，且煙絲細軟、配料精良，加之紙煙吸食方便，使人一試便愛，一愛便不可遏止。不到一年，捲煙就成了上海的時髦東西。吸煙的人多了，口碑相傳，售量與日驟增。第二年，菲里斯克就

以卓越的銷售成績，當上了第一任老晉隆公司的大班〔註2〕。全權負責美國紙煙在中國大陸的營銷業務。

　　奈何，菲里斯克本人的命運不佳。因為，他與其他的幾位中國股東時常出入上海的花僚妓寨，酬賓宴客。一次偶然的邂逅，一見鍾情地愛上了一個年輕貌美的妓女。他煞費苦心地多方求愛，不得應允。經過鴉片戰爭後，被蹂躪和扭曲過的國人心中，即崇洋、媚洋，又憎洋、恨洋，與洋人通婚被看成奇恥大辱，連妓女都不能失身於爾輩。偏偏這位洋人是個多情種，在他第三次跪下求婚，遭到拒絕之後，為明心跡，當場拔出手槍，飲彈而亡了〔註3〕。自然，這是題外話了，但也算是中外通婚史中的一幕悲劇。不久，總公司又委派了 J. 唐默思（J. A. T. Thomas）先生接替了他的職務，繼續主持了在華經銷的業務〔註4〕。

老晉隆第二任大班 J. 唐默思

〔註2〕 關於 C.E. 菲里斯克的文字記載不多，上海工商局編《上海捲煙行業韓章同訪問記錄》（1957年5月）中寫道：「這個外國人原來是一個光棍，沒有洋行。後來就是老晉隆洋行第一任大班，鄔廷生做翻譯，這是後話。當年大家看不起香煙生意，同時也看不起外國人。七家同行打攏後，營業逐漸發展。運來香煙從十箱逐步增加起來。每次來煙，均由七家同行墊款」。

〔註3〕 「營業發達，他與中方老闆七、八人，每日花天酒地。菲里斯克欲娶妓院大姐為妻，遭到拒絕，不多時，菲里斯克用手槍自殺而死。」見上海工商局編《上海捲煙行業韓章同訪問記錄》（1957年5月）。

〔註4〕唐默斯繼菲里斯克出任老晉隆大班，繼續推行以首行之有效的經營方針，業務得到飛躍地發展，紙煙迅速向內地和北方推進。見中國社會科學院編《英美煙公司在華企業資料彙編》，中華書局，1963。

意大利傳教士利瑪竇說得好：「中國人的喜好，表現得十分坦率單純，一旦他們知道洋貨原來有這麼好的質量，他們就情不自禁地喜歡它。」〔註5〕紙煙在中國的盛行亦是如此。不過幾年的發展，就已形成普及的氣候。清季有一首《竹枝詞》為證：

　　　貧富人人抽紙煙，每天至少幾銅錢；

　　　蘭花潮味香無比，冷落當年萬寶全〔註6〕。

紙煙的普及，連當年譽盛全國的潮煙老鋪「萬寶全」（原址在前門大柵欄楊梅竹斜街）的門前都寂可羅雀，名聲赫赫的潮煙，也都無人問津了。

清末民初已發展到老少婦孺人人吸食紙煙的程度

老晉隆的生意越做越紅火，為了爭取更大的利潤，索性在滬設廠，引進了第一臺捲煙機，時間是在1891年。接著，茂生洋行也開辦了捲煙廠，引進了兩臺捲煙機。1897年和1898年，上海美國紙煙公司，和日商村井兄弟商會社的煙廠，也相繼建成。它們在華生產的品海、老車、弗吉尼亞、雲龍、孔雀、鳥斯以士發圖等各種牌號的香煙，也都附有各式各樣的煙畫。

首枚具有東方風情的煙畫

香煙銷得多，香煙包內所裝的煙畫，也就越來越引起銷售人員的注意。煙畫上所印的西洋美女，外域風光，以及洋文說明、西語廣告，很難被國人接受，也不合乎東方人的審美情趣。往往從煙包內抽出來的煙畫，人們只輕蔑地看一眼，就隨手揚棄。根本達不到宣傳廣告的目的。

十九世紀末葉，決意進軍中國大陸的日本煙商村井兄弟商會社，清醒地

〔註 5〕引自意利瑪竇《日記》。
〔註 6〕見清學秋氏《京華百二竹枝詞》。

注意到了這一點，它未雨綢繆，率先改進了煙畫的內容，開始設計印製東方風情的圖畫。於是便發行了一套《揚州百美圖》附在「孔雀」牌香煙包內。

日本村井煙廠在華出品的煙畫《揚州百美圖》，首次出現
東方風情的畫面。

　　著名的民俗學者金受申先生描述；這組煙畫是「以照相翻印光緒年中揚州名妓（實在不僅揚州），畫作淡赭色，畫中人像全身或坐或臥或立，配以外景，共一百四十四片（筆者按：應為 185 片）。以名妓的衣履（大部纏足）頭飾，及所配外景來觀察，這些名妓若活到現在（按：即 1940 年），至少也有六、七十歲。」〔註7〕

　　這一改變，恰迎合了當時的世風所好，大大地刺激了「孔雀」牌香煙的銷路。使得在華的外國煙廠，在廣告宣傳上也紛紛改弦易轍，為了適應中國

〔註 7〕見金受申文《談「洋煙畫」》。

市場的需要，小小煙畫開始脫去西裝而漢化為東方衣履。這一時期，在華的外國煙商出版了一系列有關中國風景、人物、風俗的煙畫。其特點是「中西合璧」式，正面是東方景物，背面依然印的是洋畫、洋文、洋廣告。

　　為了壟斷世界煙草市場，美國杜克公司與英國威爾士公司於 1902 年聯合，成立了英美煙公司，總部設在倫敦，在上海的蘇州河畔成立了駐華總部。〔註8〕此後，用來服務於中國市場的煙畫更富有東方特色。它們出版了無數描寫華夏風情，描寫中國人、中國事、中國風景；開始用中國字，中國話，中文廣告。自此，煙畫便成為適應中國國情的通俗印刷品。

英美煙草公司駐上海總部外景

中國雇員在推銷「品海」和
「人頂球」牌香煙

國產煙畫的誕生

　　鑒於帝國主義列強的經濟掠奪，許多有志之士和民族資本家拍案而起。提出「不用外國貨，不吸外國煙」的口號，他們指出：「美設苛例虐我同胞，公首以不用美貨為抵制。特上尊國體、下拯華僑，且可為我國民塞一大漏巵」〔註9〕，而積極倡導實業救國。在商務總會長曾濤的支持下，1903 年，上海聞人曾少卿等人開辦了中國第一家民資煙廠──中國紙煙公司。該公司發行的第一幀煙畫，印的是時任公司總經理的曾少卿先生的畫像。應該說，這枚煙畫是中國人自己出版的第一幀煙畫。

〔註8〕1902 年美國煙草公司與英國帝國煙草公司聯合成立了國際壟斷企業英美煙公司，總部設在倫敦，在中國上海成立駐華總公司。
〔註9〕見輕工出版社編《煙酒茶購銷指南》序言中引「蘇尚筠致曾濤書」。

此係中國民資煙草企業出品的首枚煙畫《上海曾少卿先生玉照》。

曾少卿先生小照。(此圖為中國呼和浩特收藏家伍勝利先生提供)

　　上個世紀四十年代，金受申先生在煙畫收藏家仉即吾先生處，曾見過這張肖像作品：它的「大小比 15×25 英寸稍寬，光頭有髮，身著中服大褂，淡赭色的銅版小照。上端印魏碑字體──曾少卿先生玉照。因為發行量太少，流傳有限。又因顏色太淺，無法照相製版，實為一件憾事」〔註10〕。因此，國產的第一枚煙畫只存在於文獻的記述當中，實物是再也無法尋覓的了。說來也是天意，就在我撰寫這本書的時候，我的一位藏友──內蒙古呼和浩特市的收藏家伍勝利先生，他提供這枚絕版了的煙畫，品相極佳，真令人喜出望外，特刊於此，也稱得上「奇圖共欣賞」了。

1903 年中國紙煙公司出品的《清末美女牌九》煙畫

〔註10〕金受申《談洋煙畫》，刊於四十年代《立言畫刊》《北京通》專欄。

　　如今，還可以見到的是，該廠在 1903 年出品的《清末美女牌九》。見附圖。它是移用了日本村井商會村出品的《清末美女牌九》煙畫的圖版，背子用中文改印「中國紙煙公司」廣告而成的作品。全套 32 枚，就此蹣跚地邁出了中國煙畫史上的第一步。

第五章　煙畫的興衰

國產煙畫的興起

　　在上海中國紙煙公司成立的同時，北方袁世凱主持練兵的小站，也成立了官督民辦的北洋煙草公司，出品了「龍珠」牌香煙。但皆因運行機制不良和生產管理不善，紅火一時，未及兩年，便停業了。

　　1905 年，日本華僑簡照南、簡玉階兄弟抱著「實業救國」的強烈願望，在家族的支持下，賣掉了經營多年的修船廠，傾入全部家私積蓄，創辦了南洋兄弟煙草公司。〔註1〕從此，華商在煙草領域拉開了向國際壟斷公司宣戰的序幕。以南洋兄弟煙草公司為代表的華商煙畫，皆打出了「純粹國貨」和疾呼「愛國」的旗幟，承擔起爭奪市場的重任。愛國的口號切中國國情民意，格外激勵人心。

　　據 1905 年 6 月 27 日《大公報》所載，連慈禧皇太后一咬牙，也戒掉了愛吸的日本「孔雀」牌香煙〔註2〕。

　　在二十世紀上半葉的二、三十年代，是中國煙草業迅猛發展的時期，上海有大、小煙廠二百餘家，全國則有近千家之多。激烈的商業競爭，包括中外煙廠間、外與外、中與中、地區與地區、煙業行內與行外，在利益驅動之下，展開了如火如荼的煙草大戰。使各個煙廠、不同品牌的煙畫更加五彩繽紛、爭奇鬥豔；種種奇思妙想，詭陳佳構，競相登場。出現了一場持續二十多

〔註 1〕見《簡照南先生自述》《南洋兄弟煙草公司簡史》。
〔註 2〕1905 年 6 月 27 日《大公報》文《太后戒煙確聞》。

年之久，各界參與，波及婦孺的煙畫熱潮。

簡照南先生小照　　　　　　　　南洋兄弟煙草公司外景

　　英美煙公司實力雄厚，率先開辦了美術學校，設立了自己的廣告部、繪畫部，重金聘請美術創作人員和歐、美、日外籍畫家，〔註3〕設計煙畫、煙標、廣告畫、月份牌等宣傳品；南洋也不示弱，同樣開辦廣告部，延請人才。以至著名的大畫家鄭曼陀、徐泳青、周慕橋等，也都移步換形，成了煙草廣告畫的先驅人物。於是各煙商，你出人物，我出風景；你印英雄，我印美人；你印風景，我印名勝；你出《三國》，我出《水滸》，你印《紅樓》，我印《西遊》……，真個是使出渾身的解數，八仙過海，各顯其能。

大東煙草公司出品的《二十四孝》煙畫

〔註 3〕《頤中檔案》；見中國社會科學院編《英美煙公司在華企業資料彙編》，中華
　　　書局，1963。

魯迅先生的夫人許廣平曾著文說：「那時人們的生活真有趣，香煙裏面比賽著贈畫片，《三國》、《水滸》、《二十四孝》、《百美圖》等等，應有盡有。」連魯迅先生在抽煙時看到，都要仔細地端詳一番，然後再收起來。〔註4〕

煙畫熱的形成

最先掀起煙畫收藏熱潮的是南洋兄弟煙草公司，1922年，公司改「三喜」牌香煙為「喜鵲」牌，為討吉利，取「登枝報喜」之意，自祝公司將有更大的發展。為了打響這一炮，在一年前就重金聘請高手，精心繪製了一套《紅樓夢》煙畫。共一百二十枚，面目清新，品格高致，引起了收集的熱潮。「喜鵲」牌香煙名聲也真地隨之鵲起，成了人人翹指的名牌，銷量大增。

南洋兄弟煙草公司出品的煙畫《紅樓夢人物繡像》

接著，它又將煙畫的收集與「獎券」、「獎勵」概念結合在一起。精印發行了一套《封神榜人物繡像》煙畫，共一百二十六枚。聲稱：凡將這套煙畫集全者，可到公司兌換銀元二千元。一時間，輿論大嘩，街談巷議，皆是此事。當年的一元錢可以買半袋洋麵，兩元錢可以辦一桌豐盛的酒席，二千元大洋是可以求田問舍、置業購產的數目，如何不振奮人心哪！

〔註4〕許廣平文《魯迅先生的香煙》，於魯迅先生逝世九週年刊於《文萃》雜誌。

南洋兄弟煙草公司出品的煙畫《封神榜人物繡像》

　　接著，華品煙公司又添加了一把火，在推出新品「金箭」牌香煙時，煙包內附贈了《孔門弟子》煙畫七十三枚。其廣告聲稱：凡集全此套煙畫者，可得電鍍洋車一輛。〔註5〕一經報紙張揚，抽煙的、不抽煙的、士農工商、大人孩子在獎品的驅使下，紛紛收集起煙畫來了。集之不齊，又想起去換、去買。這樣，就出現了煙畫交流場所和專門經營售買煙畫的專業戶，各種煙畫也都有行有市地流行起來。

　　劇作家翁偶虹先生在回憶他學生時代，收集煙畫的熱情時說：下學後，三、四點鐘宣武門一帶就熱鬧起來，換煙畫的，賣煙畫的都湊在了一起交易了起來。「太上老君」一枚可換「魔將」幾枚，或用多少錢可買；「觀音大士」一枚值多少錢，如此種種。無數「煙畫迷」各懷著不同的目的，在四下裏搜尋，或換或買，來滿足自己的追求。在北京的花市、隆福寺都已有以此為業的固定商販〔註6〕，

〔註5〕見上海華品煙公司關於發行「金箭」牌香煙的廣告。
〔註6〕見翁偶虹文《煙畫趣談》。

北京隆福寺廟會上售賣煙畫的小攤

　　煙畫成了商品。在全國範圍內，如上海的城皇廟、掃葉山房；南京的夫子廟；蘇州的觀前街；天津的估衣街、娘娘宮；都是當年著名的煙畫流通市場。

煙草公司在大型售煙商店的櫥窗內陳列的獲獎方法

售煙小商店內已有煙畫出售的櫃檯

煙畫的質變

　　自從把煙畫用於兌獎的先例一開，因這種方法最能直接有效地刺激銷售，各廠商紛紛效尤。兌獎的方法和形式花樣翻新。有的乾脆把煙畫變成了兌換券、獎券和代金券，完全改變了煙畫的性質。獎額最小的可以換到一盒火柴或一包香煙；再多一些的可以兌換一條毛巾或一塊香皂；更多的則是兌換金項鍊、金手鐲了。

華品煙推出「金箭牌」香煙的
招貼，詳細說明對兌獎標準

1924 年 7 月 1 日出版的《英美煙公司月報》中，有這樣一則報導，詳細描述了《南滿段高等紙煙贈彩》的實況。其「辦法，凡購炮臺、前門或司令香煙一小盒（十支）者，隨贈彩券一張，一匣（五十支）者，贈獎券五張。（按：此時的煙畫已轉化為獎券）」，「於五月一日在奉天小北門裏會仙電影園開彩。……頭彩為千金寨韓雲起君所得。彩品為福德（特）電（汽）車一輛。如不得電車，可得代價一千六百元」〔註7〕。文後，附有開獎前群情踴躍的情況，以及開獎以後，獲獎者韓雲起先生頭戴瓜皮小帽，身著馬褂，得意洋洋地坐在德國產最新款的福特牌汽車上的照片。如此大獎，寧不轟動一時！

1924 年 7 月 1 日出版的《英美煙公司月報》刊登
煙畫獲獎者韓雲起坐在獲獎福德汽車上的照片。

〔註 7〕見 1924 年 7 月 1 日出版的《英美煙公司月報》。

煙畫中的「貓膩」

　　商人從來是不做虧本生意的。越是大的承諾，越是很難兌現。這些可用以兌得大獎的煙畫，在發行時、在包裝煙畫中，做好手腳。嚴格地限量發行，有的煙畫甚至根本就不發行。使得收集者，難以集全。例如：南洋兄弟煙公司發行的《紅樓夢人物繡像》一百二十枚中，小丫環柳五兒的發行量最少，為 85000 比 1；[註8] 另一例，華品煙公司在新推出的「金箭」牌香煙時也做了很多手腳[註9]，華商煙公司出版的《水滸一百零八將》中，第 88 號百勝將韓滔一幀發行得更少[註10]；還有前邊所談的《孔門弟子》煙畫中的「孔子」一枚，在數年間僅僅才發行了數十枚。並且在他的七十二位弟子中，有的始終未露其面。兌獎之事，也就不了了之了。

左圖為「孔子」、中圖「柳五兒」、右圖為「韓滔」，當年都發行最少的三幀煙畫。

　　這些自作聰明的打算，最初可以轟動於一時，最後，還會害了自己。「柳五兒」也好，「韓滔」也好，「至聖先師孔老夫子」也好。當人們望眼欲穿，久喚不出的時候，各種仿冒品、假品、贋品煙畫就應運而生。不僅被投機者高價炒買、而且還造成了一系列的官司和糾紛。由此失信於民眾，最終把推向名牌寶座上的「喜鵲」、「金箭」，搞得臭不可聞，倒了牌子[註11]。

〔註 8〕見 2003 年 6 月 10 日《新民晚報》徐篆文《煙花裏的紅樓金畫》。
〔註 9〕見上海市集郵總公司出版的《水滸傳專題郵票老牌煙畫珍藏冊序文》中寫道：
　　　　「百勝將韓滔發行極少。當時全套收藏需花二千大洋方能湊成。」
〔註10〕見上海華品煙公司為發售「金箭」牌香煙所印行的廣告。
〔註11〕見 2003 年 6 月 10 日《新民晚報》徐篆文《煙花裏的紅樓金畫》。

商人耍弄「貓膩兒」，給市場造成極大的混亂。有頭有臉的大公司因聲譽所賴，還要顧著面子，予以兌現。而多數小公司是「說大話、不上稅」，「乾打雷，不下雨」。吹噓了無數許諾，而從來不予兌現。實不可解時，就關門大吉，遛之大吉。不法商人的為所欲為，使無序競爭到了不可收拾的地步。

制約煙畫的四項原則

在市場如此混亂的情況下，逼得英美煙公司直接上書國民政府財政部，鄭重提出：如果煙畫贈獎問題得不到妥善解決，卑公司「迫不得已，也得亦隨各公司之後以相競爭」了。〔註 12〕面對著國際資本的威脅，為了避免更大的混亂，財政部於 1935 年，正式頒布了由孔祥熙部長親筆簽署的公告——《關於煙包內附裝畫片和獎券的四項原則》。文中要求所有煙廠：

一，不得印發任何抽獎之票券；

二，所贈物品之價值不得高於原售品價值十分之二；

三，贈品種類以國貨日用普通物品為主，而除去金銀飾物；

四，掉換方法：以包煙空殼或裝煙芯子或畫片掉換而有固定姓質者，但畫片掉換應以各該種煙包內原有之畫片為限，不得另行繪印圖畫或編列號碼〔註13〕。

朝野之間的事情，歷來是上有政策，下有對策。公文下達後，並組織人員隨時下廠抽查，並鼓勵舉報煙廠在香煙畫片上弄虛作假的不軌行為。於是，又展開了新的一輪「貓逮老鼠、老鼠戲貓」的鬧劇。此處不在細述。但總的說來，政府的干預，使煙商在煙畫上大做手腳的不法行為，多少有所收斂。

煙畫的衰落

在西方，由於第二次世界大戰的爆發，大部分印刷設施、紙張、油墨都被國家徵用為戰時用品，優先為戰時服務。因之，看似可有可無的煙畫和煙草宣傳品，皆停止了出版發行，而改印戰時宣傳品。戰後，經濟萎縮，以及禁煙運動在歐洲的興起，印製煙畫、隨香煙附贈的售煙方式，再也沒有恢復。

在中國，國家對印發煙畫的干涉和管制是一方面，煙畫在四十年代驟然

〔註 12〕《頤中檔案》；見中國社會科學院編《英美煙公司在華企業資料彙編》，中華
　　　　書局，1963。
〔註 13〕見《財政公報》《財政部〔稅字〕第 16647 號咨文》；《頤中檔案》。

消失的主要原因，也是由於抗日戰爭結束後，舉國經濟蕭條，英美煙公司退出市場，競爭對手消失所致。

早在 1938 年，英美煙公司在總體評估了亞洲市場的前景之後，就開始逐步地抽逃資金，做出退出市場的準備。在長達八年的中日戰爭中，英美煙公司在華企業也遭到了重創。工廠被轟炸，原料基地被破壞。在日偽佔領區內的企業被軍管，業務渠道被閹割，已是傷痕累累〔註14〕。

對於中國說來，經過八年抗戰，雖說是取得了最終的勝利，但國民經濟已經達到瀕臨崩潰的邊緣。亂世流民，惟思果腹，再無「暇時一支煙，賽過活神仙」的雅興。勉強恢復生產的煙廠，也不得不為降低成本，而終止了香煙廣告和香煙畫片的出品發行。

得到政府資助而全力運作的上海匯眾煙公司和裕華煙公司，為了慶祝抗戰勝利，與民同慶，斥資發行了《抗日戰爭勝利紀念》和《抗戰八年勝利畫史》煙畫兩套。

上海裕華煙公司發行的《抗戰八年勝利畫史》煙畫

上海匯眾煙公司發行的《抗日戰爭勝利紀念》煙畫

〔註14〕《頤中檔案》；見中國社會科學院編《英美煙公司在華企業資料彙編》，中華書局，1963。

一方面，為了要與民眾一起長舒胸臆，回顧一下八年來國人不屈不撓的鬥爭歷史；另一方面認為，這是一次促銷產品的最佳時機。就再一次打起煙畫的旗幟，廣泛號召：「國人欲知八年抗戰之歷史，請吸紅土、有啤香煙」〔註15〕，煙盒的封口上還特意注明：「內有抗戰香煙畫片一枚」。奈何，此一時彼一時，小小的香煙畫片再也鼓動不起民眾往昔的熱情了。二、三十年代在中國炙熱一時的煙畫，從此退出了歷史舞臺。

若從茂生洋行代理經營美國紙煙的 1885 年算起，到 1946 年煙畫不再發行時結束，煙畫在中國共流行了 61 年。而從我國自己獨立出版煙畫的 1903 年算起，中國煙畫的歷史，則僅有 43 年而已。

煙畫的餘波

1946 年以後，附有煙廠廣告的煙畫不再發行了，但為人喜聞樂見的煙畫形式並未就此消失。不少輕工企業，如小食品、化妝品等行業，它們借鑒引用了煙畫的形式和發行方法，一面印圖畫，另一面印自身的產品廣告，附於產品之內隨物饋贈。

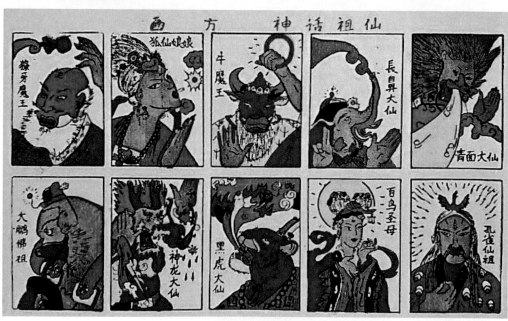

上世紀五十年代出品的兒童玩物「洋畫」

更多的是，小印刷廠把它承繼下來，印製沒有任何廣告的「兒童玩物」

〔註15〕見 1946 年 6 月 5 日大公報上海裕華煙草公司的香煙廣告。

——俗稱「洋畫」。分售給小書攤、小雜貨鋪、小糖擔兒，由小販用剪刀剪著零賣給孩子們，供他們去「拍洋畫」、「搧洋畫」、「猜枚」、賭輸贏玩。在內容方面與以前的煙畫沒有多大區別，也是《三國》、《水滸》、《京劇》、「飛機大炮」之屬。後來，把成本大套的「連環畫」也縮小製版，直接印到「洋畫」中來了。

這種兒童遊戲，在經濟落後的中國，一直延續到上個世紀六十年代初。凡上了年紀的中國人，孩提時代都「玩」過這種東西。後來，因為「三年自然災害」和全國「大饑荒」的開始，一切物資全都緊缺，這種供兒童們玩的煙畫，也就此壽終正寢了。

文化革命之後的九十年代，杭州捲煙廠試著恢復了煙畫的製作和發行。依然是每包香煙中，附贈一枚畫片，內容有《故宮奇珍》百圖、《京劇臉譜》百圖等等，目的是想繁榮促銷，重振煙畫昔日的風光。但畢竟時代不同了，新煙畫並未再引起人們的特別關注，一直沒有興盛起來。

杭州捲煙廠製作和發行有《花鳥》《水滸》煙畫

第六章　煙畫有多少

　　那麼，中國國內的煙畫的數目有多少，目前難以統計。三，四十年代煙畫收藏大家有「南馮北仉」，即上海的馮孫眉和北京的仉即吾先生。馮先生有「煙畫大王」之譽，曾任寧波公報《捲煙畫片》專欄主筆，收藏煙畫六萬枚、六百餘套。〔註1〕1952年，他將自己收藏中的部分捐贈上海博物館。其後，這些煙畫大概又轉藏於上海圖書館。筆者在參與《中國煙草通志》的編輯工作時，曾訪問過上海圖書館的有關負責人，得知該館現存煙畫三萬餘枚。另外，上海檔案館還保存早年部分煙草公司上繳工部局備案的煙畫印樣。

馮孫眉先生小照

仉即吾先生小照

〔註 1〕馮懿有著《老香煙牌子》，上海電影出版社，1997。

收藏的數目

至於，仉即吾先生的收藏，金受申先生在四十年代的《立言畫刊》上有專文報導。稱：「仉大夫是醫界名宿，自治降龍珠，為冶肝胃病聖藥，自己除救濟世人之外，便種花和搜羅洋煙畫片，以求怡情遣性。」「所存煙畫不下六、七萬盒，幾十萬片，美不勝收，目不暇給」。〔註2〕當然，這裡的重複品一定很多。且以十分之一之不同為計，也會有六、七萬枚不同的作品，這與馮孫眉先生的計數是相近的。這一數字，在仉大夫的小女仉萬鈺處也得到證實。〔註3〕不過，他的收藏在文革初期被紅衛兵全部付之一炬。

如今，中國在經歷了歲月的蕩滌、戰亂兵燹的洗劫，尤其文化大革命的浩劫，小小的煙畫多已灰飛煙滅，成套的煙畫更是難能一現。拍買會上偶有所見，也已成了「上個世紀的珍稀出版物」〔註4〕，被炒成天價。筆者有幸藏有兩萬餘枚煙畫，才有機會對其進行比較仔細的研究。

煙畫之最

僅就筆者的個人收藏而言：

〔註2〕金受申《談洋煙畫》，刊於四十年代《立言畫刊》《北京通》專欄。
〔註3〕仉萬鈺是煙畫收藏家仉即吾的小女兒，退休工人，現在在東方收藏家協會書店工作。筆者在潘家園文物市場偶然得識。談及仉先生及其收藏，仉萬鈺說：其父原住舊鼓樓大街小金絲套胡同，專有一室收藏所好，不准家人入內。只記得四壁俱是一盒盒的小畫片。因一世行醫，與周圍鄰里關係融洽，故文化大革命期間末受衝擊。在大「破四舊」時，紅衛兵用三輪平板車拉走了全部收藏，計四車之數，送到鼓樓小學焚化，片紙無存。翌年，仉先生抑鬱而終。
〔註4〕見1996年秋《北京日報》關於中國書店首場拍買會的報導。

圖一，是一枚最早見於我國市場上的外國煙畫，是 1889 年之前，由茂生洋行附贈的一枚《舞女》。

圖二，是一枚最早印製中國風情的煙畫。是 1899 年由日本村井兄弟商會社發行的《揚州百美圖》。

圖三，是中國最早印行的煙畫《清末美女牌九》。是 1903 年上海中國紙煙公司根據日本原版，在背子上加印中文廣告印製而成。

圖四，是放在煙盒內規格最大的煙畫。是英美煙公司於二十世紀初發行的《珍奇動物》，規格為：83×64mm，附在格林卡牌香煙包內。

圖五，中國成套煙畫中數目最
少的煙畫。是上海民眾煙廠為
了紀念孫中山先生逝世而發行
的《國父孫中山》，全套僅一枚。

圖六，這一枚是中國出品的最小的
煙畫。是上海公益煙公司發行的《戰
鬥電影》，規格為 45×32mm。

圖七，中國成套煙畫中數目最多的煙畫。是南洋
兄弟煙草公司發行的《水滸傳》，全套五百餘枚。

圖八，是一枚放在香煙大包裝內最大
規格的煙畫。是頤中煙公司在三十年
代發行的《中國風景名勝》，規格為
220x140mm，附於「交通」牌香煙內。

圖九，為中國最後發行的一套煙畫《抗戰八年勝利畫史》。
由上海裕華煙公司出品，全套80枚。也正是這套煙畫，給
中國煙畫發行史，劃上了一個圓滿的句號。

第七章 煙畫的商業功能

袖珍廣告

　　首先，煙畫具備商業廣告的三大要素，即向消費者宣示生產廠和經銷單位的名稱和品牌，並號召消費者購買使用。

　　例如，二十年代英美煙公司在其產品「哈德門」香煙附贈的煙畫，背子用洋紅單色印刷了一盒打開的哈德門香煙，正中繪有哈德門（HATAMAN）的品牌和O.N.G註冊商標，兩旁用漢字注明「大號」和「10 CIGARETTES」，以說明包裝的數量和規格。打開的煙盒處，可見看到錫紙精裝，且規規矩矩地畫有十支香煙。中間的一支抽出一半，煙嘴處印有「HATAMEN」及「O.N.G」字樣，提醒消費者識別和辨偽。畫外文字則直言不諱地招呼;「請吸大號哈德門香煙」！

依次為英美、南洋、村井等煙草公司出品煙畫的背子

　　放在「海盜牌」（PIRATE）」香煙裏的煙畫，後面是用草綠色印上一盒「海盜牌」香煙，一個手挂彎刀、蠻橫而立的海上強盜立於海船之上。背襯大海和船欄。這是英美煙公司早期的廣告風格。

　　南洋兄弟煙草公司在畫面上是以宣傳企業形象為主，例如二十年代，南洋在「鑽石牌」香煙內附贈的煙畫，背子用紫紅色印有公司本部大樓寫真圖，高高聳立的六層洋樓在二十世紀之初，實是歎為觀止。其雄偉堅固、傲然凌世的神態、反映了公司雄厚的實力和勃勃的雄心。上方和下方分別用中、英文印出企業全稱，頂頭正中印有兩個四方框錯落交叉的圖案中間為「NY」的註冊商標。簡單明快，使人過目不忘，以達到吸引消費者的目的。它似乎在向煙民們說；「吸我們的香煙吧！我們的香煙像公司大樓一樣值得信賴」。這種宣傳方式，在當時確實起到了積極的效果。高大的樓房不僅潛意識地反映了民族工業的崛起，同時也喚起了民族的自尊。其後，一些民族資本的煙廠紛紛傚仿。如中國華達，中國德華、德隆等煙公司都是如此，大樓、煙囪、車水馬龍，一派生機。

宣傳品質

　　其次，煙畫還有著宣傳香煙的工藝和品質的作用。如二十年代英美煙公司在推出新品「翠鳥牌」香煙時，附在香煙時，附在煙包內的煙畫，正面以撲克牌形式畫有一對翠鳥，背面楷書赫然印了一個大紅的「烤」字，十分引人注目。「烤」字之下，一排小字說明；「君識此字矣！君已知其作何解矣。然則翠鳥牌香煙，其味道、其香氣係較好他種更好。君亦知其故乎？因其煙葉係用烤法制成」。落款為「英美煙公司總理」。

「翠鳥牌」招貼畫

「翠鳥牌」附贈煙畫的背子

烤煙，又名淺色煙草或弗吉尼亞煙草（Virginia Tabacco），是當年英美煙公司佔領我國煙草市場的一大法寶。這種煙葉在收穫後，放入烤房復烤，葉片顏色變黃。質量以油份足、光澤鮮明、組織疏鬆，且香味濃、味純厚稱道，是配製香煙的上等原料。而在二十世紀之前，我國所產的煙草，質量和品種均差，色、香、味皆不佳，辛辣味重、刺激性大，含有害物質較多。與烤煙相較，成色差了許多。而且製煙工藝多係土法，無法與洋煙相比。故而，國外香煙一進口，便為煙民接受。

當時，英美等公司在華所建煙廠使用的煙葉，都從美國進口。後來為攫取更高的利潤，除使用中國的廉價勞動力之外，英美煙公司於 1904 年開始引進煙種在中國栽種。經過十年的培植，調查土壤、分析氣候、試種、培移，終於在 1914 年前後，在山東、遼寧、安徽、河南、雲南、臺灣等地栽植成功〔註1〕。於是，通過買辦，建立基地、發放資金、推廣技術、使烤煙生產佔據了統治地位。而在向煙民全力推薦宣傳銷售烤煙，排斥土煙這一行動中，煙畫也扮演了不可低估的角色。

防偽辨假

煙畫在標誌變更、防偽辨假方面還起著提醒消費者注意的作用。

一個名牌產品之所以叫得響，其內在質量固然起著至關重要的作用。然而，生產廠為了宣傳而投入巨額資金、廣造輿論，使其「深入人心」，也是不是忽視的一個方面。

英美煙公司生產「前門」牌也是名冠一時的高級香煙。當時，有 50 支的鐵筒裝和 10 支軟包裝兩種，銷很極好。但與其他名牌產品一樣，它也會遇到被小煙廠、小公司所製造的低劣產品，仿造偽製，低價傾銷的挑戰。這些低質假冒的產品，對名牌產品的聲譽和市場造成極大的危害。抵制假貨，增強消費者對產的識別能力，增強名牌產品的自我保護，也是商戰中不可缺少的一環。於是便有了這樣一枚煙畫：印有「注意」兩個大字，小字說明；「緣前門牌香煙煙頭圖標經奸商冒效。敝公司為避免魚目混珠起見，特改用新圖標如左。」並印出用英文組合的金色新圖標及藍色的「BRANDE」紋樣。接著說明：「至此煙質料之優美，仍與以前出品無異。」此煙畫的背面則用英文印著同樣內容的文字。

〔註 1〕中國社科院編《英美煙公司在華資料彙編》，中華書局，1963。

前門牌香煙中的煙畫提醒消費者辨識真假

香煙的假冒，須從捲煙紙上下工夫，以更精良的印刷工藝和油墨印製煙頭圖標，等於用一把鑰匙鎖住了仿造的途徑。尤其用了金色和極精密的英文縮寫印刷，是當時小印廠根本無法模擬的。贈送煙畫在這一更換標誌的關鍵時刻告誡吸用者，無疑起到了維護公司利益的作用。

煙畫有時還起到注明產品出品日期的作用。英美煙公司出品的「老刀牌」香煙附贈的一枚煙畫，畫的是一位身披斗蓬的古代仕女，左側排字印簽，用青蓮色印油蓋印出品日期為「中華民國二十八年壹月拾壹日。」為什麼要簽蓋日期呢？據考，日本煙廠憑藉軍國主義勢力，強行吞併佔領區煙廠，沒收種植基地，至使原來煙廠無法經營。英美煙公司陸續抽回資本，主力於 1938 年退出中國，僅遭留數家空廠勉強維持生產。為了說明上市的產品不是「陳年舊貨」，故在煙畫上手工簽蓋日期，以說明是「新品」。這一點在《頤中檔案》中也有記述。

廣州市河南羅奇生煙莊率先將獎券替代煙畫附入煙包

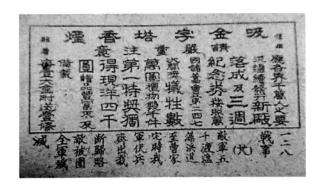

加蓋出廠日期的煙畫　　　　　　把獎勵條例直接印在煙畫背子上附贈

充當獎券

在激烈的競爭中，煙畫更重要的一種商業功能，就是用於開獎、或充當獎券，成為促銷戰線上的「排頭兵」。

購物還能中獎，是頗有刺激力的銷售方式。用於香煙的促銷活動，有煙畫做媒體更是方便得多。其開獎的方法是多種多樣的。如中國啟華煙草公司出品《三國志人物繡像》煙畫，背面清楚地寫道：「畫片贈品、硬印為憑。積滿關公畫片：一張換本牌香煙三包；貳張換古金式香煙夾一隻，或上等毛巾一條；拾張換警鐘或熱水並一隻；伍拾張換金手錶一隻；壹百張換貳錢重赤金戒一隻；伍佰張換一兩重赤金鎖片一隻；一仟張換貳兩重赤金鐲一副」。隨後又加上一句：「新加劉玄德畫片，每張換本牌香煙一包」。

又如，天津正昌煙公司在「紅帽」香煙中的煙畫，正面是手拈長鬚的彭祖，背子則是「凡積滿此種畫片，由壹號至拾號者，可到本公司換取銀洋拾元」。更有甚者，上海「金箭」牌香煙廣告稱；凡集全《孔門七十二賢》煙畫者，可得電鍍洋車一輛。後來，競爭逾演逾烈，以至頭獎達到德國新福德汽車一輛〔註2〕。

要想得獎，就得去買香煙。至於可否中獎，全憑運氣了。弔起消費者的購買欲，是推銷術的重要手段之一。

〔註 2〕中國社科院編《英美煙公司在華資料彙編》，中華書局，1963。

感情投資

　　發行煙畫的最直接的商業功能，是企業公關活動的一種高級形式，即「感情投資」。企業以購煙贈畫的方式，營造出一種文化氛圍，與消費者進行了一次感情交流。使吸煙者在吞雲吐霧之時，能悠悠然欣賞煙畫上的風景、人物、世態民風，又由煙畫加深了對生產廠和煙廠品牌的認識，從而完成了「以物移情」，「愛屋及烏」的轉變過程。這就是商品消費心理學中「暗示引誘」。同時，也是企業對消費者進行了一次成功的公關活動。當時的英美煙公司和南洋兄弟煙草公司在運用現代廣告定律上，是做得相當認真嫻熟的地步。

第八章　煙畫的文化功能

　　煙畫本身是一種廣告宣傳品，煙畫熱也是一種獨特的文化現象。它的面世，恰處於我國社會劇烈變革的非常時期，其自身所表現的文化形式和繁雜的內容，銘刻著深刻的時代烙印。自其出現到消失的五十餘年間，一張張小小的畫片，翔實地記述了社會的變革與時代的進步。煙畫由於受體面大，傳播範圍廣，「貧富無分，老幼咸宜」，故在引進西方文明，推進市場文化、普及科學知識和傳統文學諸方面，都起到了積極的作用。

　　煙畫服務對象是廣大的市民階級，因之，從內容到形式也必須為百姓喜聞樂見。於是，它經歷了一個從「純洋畫兒」到「中西合璧」，最後全部「漢化」的演變過程。僅以英美煙公司的煙畫而論，最初是洋畫、洋字碼、洋說明。後來，廠商開始在背子上加印中文。最後，徹底改為中國題材。這一變化軌跡，頗似「印度古佛在中國慢慢變成觀世音菩薩」一樣。

　　煙畫的發行成千上萬，難以計數。僅筆者所藏分析，從內容方面大致可分十五大類。

　　一，早期的外國煙畫；

　　二，市井百業；

　　三，民俗民諺；

　　四，戲劇藝術；

　　五，歷史人物；

六，文學故事；

七，時尚美女；

八，體育運動；

九，棋牌遊藝；

十，風景名勝；

十一，珍禽異獸；

十二，古玩名器；

十三，科學技術；

十四，奇花異卉；

十五，新聞時事。

　　煙畫的內容涉及方方面面，真好似一部百科全書。對其在俗文化領域產生的影響，僅做以下粗淺的探討與分析。

引進西方文明

　　煙畫與紙卷香煙本身就是舶來品。煙畫首先帶來的是西方的「煙草文化」。

　　煙畫《世界陸軍》，是十九世紀末葉，隨著茂生洋行經銷的威爾士香煙而率先出現在我國的市面上。一張張畫有神情傲岸、不可一世的洋兵，起馬步操，舞刀弄槍，一派君臨世界的模樣。就是這些窮兵黷武的圖畫，潛意識地反映了列強的政治心態。流入中國，不光使人想起了鴉片戰爭、八國聯軍，還使人想起了「火燒圓明園」。飲恨之餘，也激勵著國人產生著「富國強兵」之念。

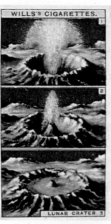
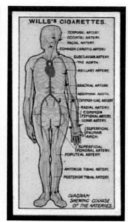

西方內容豐富多彩的煙畫的進入，除了展示域外風景、習俗之外，先進的軍艦、鐵路、航海、汽車、飛機和一些先進發達的科學技朮也隨之得以傳播。歐風東漸，對啟迪國民的眼界起到了啟蒙的作用。

另一方面的內容多是展示外國的軍艦、鐵路、航海、運輸之先進發達，這類「船堅炮利」、「油輪火車」的畫片，與其他文化宣傳品一樣，宣示了資本主義的強大。而另一方面也激發了中國志士仁人「西學為用」、「科學救國」的勃勃雄心。

英美列強對華的經濟侵略的同時，帶來了西方文化藝術。西洋繪畫、戲劇、電影和明星們也都進入中國。這些在煙畫上出現的頻率更多。如第斯利、莫戴斯等人的油畫，隨西方的輕歌豔舞，以及隨著美國香煙同時進來的好萊塢電影名星，也都出現在煙畫之上。外國摩登女郎的玉影在煙畫中占的比例很大。雖不甚合國人審美情趣，但這些域外佳麗開朗的神情、雍容的儀態、新穎的裝束、多姿的髮型，對中國女性的覺醒和走向社會，也起著巨大的啟

蒙作用。有一首《竹枝詞》寫得好：

> 莫謂西洋是蠻國，不堪教化惡弊多；
> 請君對鏡仔細看，雉髮纖足可奈何？

反映市井文化

先一步佔據市場的外國煙商，由於注意到中國消費者對洋人、洋畫、洋文化的「隔膜」，便很快改變了宣傳方式和內容。他們從中國國情出發，迎合中國人的需要，設計印製中國人喜愛的內容。這一改變，使其在華企業獲得了意想不到的成功。品牌中國化，減少洋文，註冊響亮易記的名稱，如「前門」、「哈德門」、「大雞」、「古印」等等。招貼、廣告、月份牌、宣傳卡及煙畫，也就一改姿容，一概改印「華風夏韻」了。

煙畫對中國市井生活的貼近，最好的例子是英國煙公司出品的《七十二行》和日本村井兄弟商會社、英美煙公司出品的《三百六十行》以及《中國成語》《民諺》類的作品。這些作品生動地描繪了清代末年，民間市井各行各業的工藝和生活的狀態，為今人留下了豐富的文圖資料。

三百六十行

二十世紀初，村井兄弟商會社出版的煙畫《中國三百六十行》，是一部不朽的力作。

這套煙畫共四十枚，規格為；36×64mm，五色精印，背子印有日本村井兄弟商會社的孔雀商標。

筆者之所以將這組作品的地位提到這一高度來評價，首先，是它發行得最早，從 1903 年設計繪製，1904 年問世。這組作品的成功，帶動了英美煙公司就這一題材進行了系統的發掘，設計出品了一整套《中國三百六十行》，總計 315 枚之多的系列煙畫，規模之大，出品之多，發行時間長達數年之久，一行行的圖畫隨著一包包名牌香煙走向大江南北，進入千家萬戶。影響之大，真是難以估量。

更突出的意義在於，這三百多枚作品，描述了中國清代三百多個行業的勞動、交易、生活的情況，生動而詳實的繪事，連綴起來不亞於張擇瑞的長卷——《清明上河圖》。為今人的社會學、民俗學、工藝史學、廣告學、民間繪畫史等多方面的研究，保存了珍貴史料。

圖為日本村井兄弟商會社在 1903 年前後出版的《中國三百六十行》煙畫

日本村井兄弟商會社最初出版的四十枚煙畫中，所描繪的清朝末年的市井行業依序如下：

1，吹糖人； 　　2，賣油糕； 　　3，賣白粉；

4，鴛鴦鍋； 　　5，賣花生； 　　6，鉸臉修面；

7，賣耍活； 　　8，耍猴兒； 　　9，板兒匠；

10，大木作； 　　11，猜枚賣糕； 　　12，遊醫；

13，木偶戲； 　　14，賣糖餑； 　　15，賣粽子；

16，賣甜秫； 　　17，賣塘報； 　　18，賣花兒；

19，收破爛兒； 　　20，張天師； 　　21，雪花酪；

22，賣酥糖； 　　23，賣絨線； 　　24，箍盆匠；

25，賣金糕； 　　26，炸豆乾； 　　27，換饃做醬；

28，瞎子說書； 　　29，賣西瓜； 　　30，賣山果；

31，賣南糖； 　　32，取耳； 　　33，相面；

34，猜枚賣果； 　　35，賣鮮藕； 　　36，修鞋；

37，縫窮； 　　38，賣經卷； 　　39，祝由治病；

40，賣大力丸。

這四十種行當，都是舊日中國都市鄉鎮、市井民間，日日目睹、朝朝相見的事物，每幅畫面都極富生活氣息。我們可以看到小商販、小藝人們的勤

苦認真、虔誠敬業的勞作；可以看到里巷婦姑的純樸勤儉，論錙計銖地討生活；可以看到百姓的「庸庸碌碌」、為衣食奔波的艱難；同時，也可以看到那些滿足芸芸眾生的零嘴小食、習俗娛樂，平凡與祥和的歡愉快樂。生動地勾畫出一幅「不知有漢、無論魏晉」、「白髮垂髫、怡然自樂」的田園風景。

　　作品不僅描繪了一百年前的市井舊貌，更可貴的是記錄了諸多早已消失了的行當。比如說，第 39 幀《祝由治病》。

日本村井兄弟商會社出品的煙畫《三百六十行》中《祝由治病》

　　過去，只知辭書存有條目，稱為「祝由科」。問遍中、西醫，無人知曉是何行徑。《素問》有《移情變氣論》云：「余聞古之治病，惟其移情變氣可祝由而已。」注曰：「由，從也；言通祝於神明，病從而可愈已。」按《古今醫統》：「苗父上古神醫，古祝由科，此其由也。」且留有《祝由十三科》一書傳世，後已失逸。噢，原來是一種傳自上古，治病不用藥方，全憑符咒的醫療方法。此行早已絕跡，卻不想在煙畫上尚有生動具體的描述。醫者焚符詛咒，手舞足蹈地為病人治療腿疾。可知，這一源於上古的行徑，至少清末還在流傳。

　　又如圖 3《賣白粉》的。白粉，俗稱白麵兒，也就是今人所稱的海洛因。不過當年因技術所限，純度遠遠低於今日。在梁實秋的《雅舍小品》中，稱之為「高射煙」。吸用方法，是在鬆散的捲煙頭處放入些許，用火點著，與煙草一起吸食。今日，白粉早已列為毒品，禁賣禁食。而在此圖的描繪中，可以看到，清末並未禁止。賣白粉的堂皇而坐，盤中的白粉明碼標價，九文一勺。此行還設託兒薦售，拉住路人，宣傳白粉的妙用，引人吸食。但終因毒品害人，白粉似亦不能正式設店銷售，賣粉的身後放有雨傘和包袱，看來，他是個居無定所的遊走之徒，一有糾紛，抽身便走。所操之業，實非正道是也。

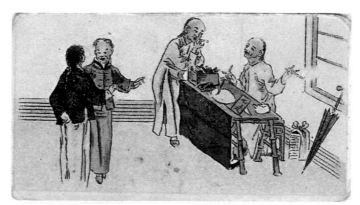

日本村井兄弟商會社出品的煙畫《三百六十行》中《賣白粉》

再如，圖8《耍猴兒》。在人們的記憶和舊文獻的記錄中，以耍猴為業的藝人，都是男人帶著猴、犬，走南闖北、浪跡江湖。而此圖的耍猴藝人，恰恰是位中年女性，簪髻蓮足，扭妮作態。猴子直立而行，學人神態，逗得婦孺看客，捧腹含顰，忍俊不已。這枚煙畫對清代女人從藝的項目，又憑添了一件實證。

日本村井兄弟商會社出品的煙畫《三百六十行》中《耍猴兒》

日本村井兄弟商會社出品的煙畫《三百六十行》中《換饃製醬》

此外，圖 29《換饃製醬》更是難得。小販籃中挎些粗瓷糙碗，用來收換住戶人家中的饅饃、糟餅、剩饅首，而後送到醬園腐敗製醬。此業，筆者只聽過老人述談，而不見任何文字描述。這枚煙畫卻恰補是缺。

其他如《鉸臉修面》、《賣塘報》、《猜枚賣糕》、《猜枚賣果》種種，都起到了「圖史」的作用。這些「拾遺舊事、以圖補史」的功績，恰是煙畫領域中的傑作。為逝去的或即將逝去的社會活動，留下一部追憶。

俚語、諺語，我國熟語中的一種，是一類廣泛流傳於民間的、簡練的、通俗的、而且富有深刻含意的語言。大多數反映了人民群眾生活與鬥爭中所積累的經驗，是我國民俗學中的一個重要組成部分。

諺語在我國出現得很早，春秋典籍《左傳‧僖公五年》一章，就有「諺，所謂『輔車相依，唇亡齒寒』者，其虞、虢之謂也」的句子。是將虞、虢兩國的關係比喻為人的嘴唇和牙齒。人若失去嘴唇，牙齒豈不覺得淒寒？如此形象生動的比喻，不是更增加了說服力量了嘛！

由於諺語源自民間口語，生動活潑，富有生機。歷代文人也不避其「粗俗」，時常把它應用到自己的文章詩賦之中，使之更增色彩。如范石湖的「朝霞不出市，暮黴走千里」；王建詩中：「乾星照濕土，來日依舊雨」；杜甫的「禾頭生耳禾穗黑」等等，都給詩篇增添了許多神韻。

作為語言傳承的重要組成部分，自古人們對諺語、俗語、俚語、成語的收集與研究頗為重視。從漢代初年的《爾雅》一書開始，就形成了訓詁文學。而後，興起小學，對文字、音韻、訓詁、方言俗語進行較為系統的研究。西漢楊雄的《方言》，晉代崔豹的《古今注》，直到明、清的《古今詩》、《越諺》、《俗語考源》、《俚語解》等文獻的出現，對民間熟語的收集與考證已達到了很高的水平。

但是，明確將諺語研究導入民俗學範圍，則是我國文學家周樹人（魯迅）、周作人兄弟的首倡。他們在日本留學時，就開始注重這方面的工作。魯迅先生在 1913 年 12 月的教育部《編纂處月刊》上，所發表的《擬播布美術意見書》中率先提出：「當立國民文術研究會，以理各地歌謠、俚諺、傳說、童話等；詳其意誼，辨其特性，又發揮而光大之，並以輔翼教育」。周作人則在《兒歌之研究》一文中，首先使用了「民俗學」一詞。在其影響下，1918 年 2 月 1 日，由劉半農、沈尹默、沈兼士、錢玄同四教授發起了「北京大學徵集全國近

世歌謠」的活動。將民間流傳的俚、謠、俗、諺，盡括其中。鄭重其事地把這些「不入流」的文字視如珍寶，從而，開創了我國現代民俗學研究之始。這面大旗一樹，一呼百應，到次年 6 月，就收到全十五個省市寄送的精品數百篇之多。北京大學校刊特闢專欄刊登。足見，當時對民謠、民諺搜集工作的社會影響之大。

　　恰在此時，香煙畫片亦抓著這一熱點捷足而登。給方興未艾的民諺徵集活動，添加了一大把乾柴。英美煙公司率先出版了煙畫——《中國諺語》兩套，附贈在「老刀牌」香煙包內廣泛流行。

以上為英美煙公司和南洋兄弟煙草公司為了迎合市場需要特意發行的有關民間諺語、俗語、土語類的煙畫，深愛中國銷費者及長幼婦孺所好。

　　研究這些煙畫，也頗能增知益智，開擴眼界。例如，其中有一枚煙畫，路中行人指著一個被查封了的廟門說：「走了和尚，走不了廟」。此俚諺傳流甚廣，但它言之何事？出自何時？在生活中用之人多，而知之人少。

　　自古以來，出了家的和尚是可以身披袈裟，手托僧鉢，四處遊走，長年不歸的。但是，他掛單的寺廟是無法移動的。假如和尚行為不軌、犯有劣跡或是欠下債務逃遁，找不著他的時候怎麼辦？明朝以前是沒有什麼辦法解決的。到了明朝，開國皇帝朱元璋因是遊方僧出身，在遊方過程中結黨造反，故深知其情。奪得政權後，為防止他人效尤，在推行「人人知丁」的政策時，也為寺廟立下法度，施行連坐。廟中僧眾中若有作奸犯科、儘管罪僧不在，廟裏也要承擔不可推卸的責任。可以推斷，這則諺語始於明朝。說明天網恢恢、疏而不漏的道理。

　　再看這一枚，一班吹鼓手倚坐在清冷的庭院中，正在吃殘杯冷炙。題為：「為人莫作吹鼓手　坐階簷吃冷酒」。圖中所畫的是民國初年的吹鼓手，已與舊日有所不同，吹鼓手與往昔不同，人人身著新式制服，一派新式軍人模樣。使用洋鼓洋號，吹打新歌新曲，這裡，反映了民國初年的一種時尚。因為新政改制，袁世凱用膳都改用了洋樂伴奏。民間喜慶也就倣仿如儀了。這張小畫片正好給此風做了一個實錄。

　　這類煙畫，不僅有歷史、有故事、有鄉風、有民俗，可深入挖掘的內容：取之不盡，用之不竭。

　　將中國的《百家姓》印到煙畫上，一個姓氏、一個大字，也成了教人識字的卡片。筆者收藏的一套前面印有花卉，背後印有百家姓氏的作品。雖說

無出品廠名，但在眾多品種的煙畫中，也稱得上是一套性格獨特的上乘之作。更有趣的是，每一姓氏上面，還注明該姓氏的發源地，為民俗學者研究姓氏源流，提供了珍貴的資料。

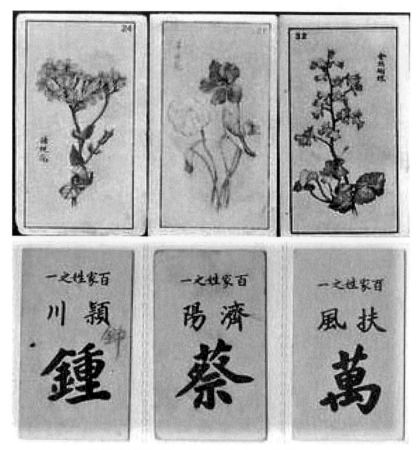

煙畫《百家姓》，前圖為花卉，背子為姓氏

《百家姓》原是中國舊日的蒙學讀本。出現於北宋時期，作者無考，而普及甚廣。文中集姓氏為四言韻語，以「趙」姓居首（是因為趙家當著皇帝）。雖無文理，但朗朗上口，所以，塾間廣為流傳。到了明朝，一度改以「朱」姓居首（是因為朱家當了皇帝），稱為《皇明千家姓》；到了清代乾隆年間，又改為以「孔」姓居首（因清室以尊孔立國），於是稱之為《御製百家姓》。但這種改動終未傳留下來，塾中依然以宋本的「趙錢孫李、周吳鄭王」來教授學生。

這套煙畫的第一枚，首姓卻為「蕭」姓打頭，另注明此姓出自「天水」，尚不知是何緣故，還有待專家詳析。但，當年這類煙畫在教授小童識字上，也是一件有趣有益的事情！

推行科普教育

　　煙畫在科普教育中起過突出的貢獻。它以通俗讀物的形式向人們介紹各種飛禽走獸，花鳥魚蟲。非洲的大象、雄獅、歐洲的麋鹿、羚羊；天上的鷲鷹、海裏的鯨魚；奇花異卉，域外風光；電燈、電話、汽車、大廈……；小小的畫片，大開國人眼界，啟迪國人視聽。

一組早期外國出品的域外風光煙畫

一組早期外國出品的動物煙畫

　　晉記煙公司二十年代出了一枚題為「電話」的煙畫。圖中，手操電話的婦人正以驚愕的目光，凝視著牆上帶有兩個震鈴的「最新發明」，那種激動、溢於言表的神態，標誌著那一時代，中國百姓對新生活的迫切地追求和殷切地期盼。

百科全書

　　以威爾士公司發行的一系列煙畫來分析，它的出品極富《國家地理》雜誌（NATIONAL GEOGRAPHIC）的味道〔註1〕。它通過畫面和背子的文字說明，向人們描述著世界各地的風光物產，風土人情；上至天文宇宙、下至萬

〔註1〕《國家地理》是美國出版的一部著名的、世界暢銷的自然類讀物。

物叢生；繪事可以精細到蜉蝣螻蟻而不棄，文字描述可使纖草細木無孑遺；內容林林總總，洋洋大觀，集在一起，實在是一部《大百科全書》！

它們在介紹世界物產時，比如，加拿大的三文魚、中非的象牙、印度尼西亞的橡膠、澳大利亞的羊毛……，不僅寫實地畫出了人們勞動時的操作姿態、周圍環境，而且，還准確地標出出產國的地理位置。它們在介紹世界各國的議會時，不僅彩繪出各國議會的會址建築、議會徽誌，而且還在背子上，清楚地寫明該國施行議會制的年代，和上議院和下議院的人數；它在介紹一種天文現象時，唯恐說不明白，總要一一畫出座標、軌跡、進行細膩的圖解說明；它在介紹一種植物時，則往往要從根、幹、枝葉、花冠、籽實逐一說起，毫不含糊地在這方寸之間，進行勾勒。它們簡直像一位學者、教師，在耐心地做著科普教育工作。更令人感動的是，它在介紹當時世界上最新的發明和宏偉的工程建設時，是那樣充滿了自信自豪，有若天下為己任，人莫予能一般。煙畫雖小，但它要為人類走向現代化的明天，而雀躍歡呼。

威爾士公司出品的《世界物產》煙畫

「老刀牌」香煙煙畫中的《世界議會》

看圖識字

「大人吸煙，小孩攢煙畫」。精美的煙畫是兒童的寵物。煙廠從未忽視這一點，看圖識字，便成了煙畫中的一大門類。一面兒是圖畫，一面兒是文字，對照著看，對照著認，易懂易識，是教育兒童學習漢字的好辦法。

那麼，這種方法起於何時哪？難以細考。中國文字源自象形圖案。「指物示教」，乃自古有之。木版印刷發明之後，印刷文字與印刷圖畫幾乎是同步進行著。迄今，發現的最早的印刷品，是現藏於大英博物館的《敦煌金剛經》。此經是由木版印製的圖文並茂的經卷，專供成人信徒之用。而專門印給兒童和勞動人民識字的書，就實在罕見了。

清季，民間有《日用雜字》等小冊子，應該說，是目前發現出版年代較早的《看圖識字》了。上邊印著雞、犬、手、口，則一旁便注有「雞、犬、手、口」等文字，簡單明瞭，識圖就可辨字，很受民眾歡迎。然而，真正將《看圖識字》用到教育中去，中國還是很落後的。

魯迅先生在《且介亭雜文》中專門提到，他為了教兒子認字，特意到市上買了一部《看圖識字》，是民國二十一年十一月印行的「國難後第六版」。他說：「先是那色彩就多麼惡濁，但這且不管他。圖畫又多麼死板，這且也不管他。出版處雖然是上海，然而奇怪，圖上有蠟燭，有洋燈，卻沒有電燈。有朝靴，有三鑲雲頭鞋，卻沒有皮鞋。跪著放槍的，一腳拖地；站著射箭的，兩臂不平，他們將永遠不能達到目的。更壞的是連釣竿，風車，布機之類，也和

實物有些不同。」可見，質量之差〔註2〕。

「看圖識字」類的煙畫出品較多。清末有「洋涇浜」英語，民初則有「說文解字」，三十年代則有「唐駝楷字」，四十年代開始推廣教育部頒「漢語拼音」。

但，精巧通靈的煙畫，卻很早就涉足到這一領域中了。而且，出手就很高妙。十九世紀末葉，SIRA BELGIAN TOBDCCO CO. 出品的 FIYING PHOEIX CIGARETTES 香煙內附贈的煙畫，就是一套《看圖識字》。它的背面是廣告，正面用單一顏色，或紅或綠印得有圖有字，而且，還有英文和英文的漢字注音。例如：畫了一隻貓，上面便寫有一了「貓」字。下面印有英文 CAT，文下又注有「錯脫」的譯音漢字。一張小畫片，既讓你認識漢字，又讓你記住英文，一舉多得，能不教人喜歡？時人昵稱為《洋涇浜話卡》。

洋涇浜是早年間滬上對外開放的一個港口，位在今日上海西藏路口、福州路口一帶。當年此處商輪雲聚，萬方雜處。在中西日常交往對話中，逐漸

〔註2〕見《魯迅全集》中《連環圖畫》一文。

產生了一種中文語法、英文單詞、漢英混合的語言，俗稱「洋涇浜英語」。這種煙畫，在當時很有實用價值。認上百十來片，背會它的發音，還真能起到應急之用。所以，當年在滬上討生活的各色人等，對之皆很歡迎。就是今日把玩起來，這些小畫片亦能使人想像到上海開埠時期，夷、漢往來，比手劃腳、伊伊呀呀對話的熱鬧景象。

民國初年，英國煙草公司出品了一組很規範的《看圖識字》煙畫。五色石印，正面，一半是圖畫，一半是文字，左號編有序號。構圖明快，畫法寫實，正楷的注字。兒童們在集煙畫玩的同時，讀字、識字，還能當作小字帖使用。在大人的指導下，照著摹寫大字，寓教於樂，實為妙品。大人們也樂於幫孩子們收集這種煙畫，因而不得不買英國紙煙了。

此後，出於商業競爭，南洋兄弟煙草公司也出品了一套《看圖識字》，其規模又大了許多。上百張一套，不僅數量多，而且在背子上也大做文章。它用《說文解字》和《漢語大字典》對正面字的字源、字意、字聲都一一詳加詮釋、注疏。

側如「覽」字，背子則印道；「《說文》見部一三；《字典》見部十五畫。觀也。從見，監，監亦聲，盧敢切。徐鍇：監臨也。」又如「底」字，背子印道：「《說文》廣部二〇；《字典》廣部五畫。山居也，一曰下也；從廣氏聲，都禮切。段云：下為底。」您看，如此洋洋灑灑地解釋一個字，實是大儒的作派。示，可教子，研，可自修。這套煙畫要是集齊了，真是一部博大精深的《說文古籀》！

1913 年，中國「讀音統一會」在吳稚輝早年發明的「豆芽菜」音符的基礎上，深入研究，制定了漢語注音字母三十九字，為漢字統一識讀，奠定了科學的基礎。1918 年，北洋政府教育部正式頒布執行，全國推廣。（中間，因以北京音作為國語標準發音，字母略作調整，發展為四十個字母）。自此，推行國語，學習注音字母成為一件時髦的大事。

此時，英美煙公司不失時機地發行了一組以圖為主、彩繪精印的《新看圖識字》煙畫。一角上注有序號、中文、注音字母、英文、國際音標。圖畫為五彩石印、美觀大方。儘管是白背子，但一看便知是大公司的出品。這裡很可稱道的是，上面印的漢字楷書，是當時上海著名書法家唐駝先生所寫。

唐駝，民初武進人。其書正楷骨肉停勻，四平八穩，與汪淵君、天台山農齊名，是滬上著名的書法家。當時上海大商店的招牌多是由他題寫的。曾著有《字課圖說》，也是一部面對兒童的看圖識字。

　　南洋兄弟煙公司不甘落後，緊跟著也出版了一大組的《拼音看圖識字》煙畫。上字下圖，旁注注音字母。；更高明的是，在背子的上部，對前圖所畫之物，進行了仔細的說明。例如：楊梅，背子寫道：「初夏成熟，生青熟赤；味甘略酸，生食極可口」。又如「白菜」，背子上便寫道；「煮食醃食，皆很適口；並且能利胃腸，菜子可以入藥。」等語。最有奇處，背子的下半部印的則是「宣傳愛國、抵制洋貨」的各類標語口號。如「食用之物，概取用國貨，足以表明己身愛國之熱忱，引起他人愛國之慨念」等。每幀各不相同，應知，設計者用心之良苦。

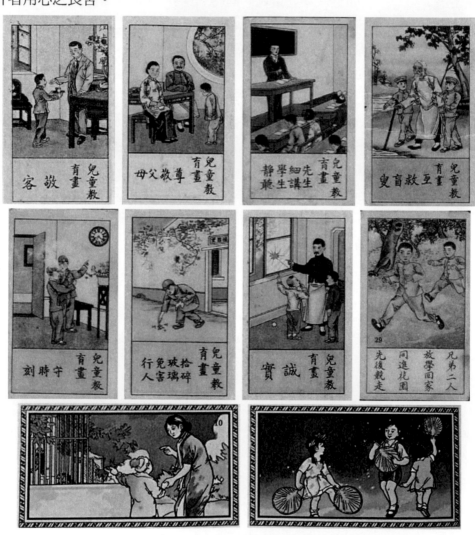

上世紀三十年代華成煙公司出品的「兒童教育畫」和大東煙公司出品的「兒童歌謠畫」，都起到了很好的社會效益。

傳播文學故事

傳播古典文學故事，是出現於中國市場上的煙畫重頭戲。它在弘揚民族文化方面，有著不沒之功。

在煙畫出現之前，中國古典名著亦有木刻插圖和人物繡像。多為單線白描，形式單一呆板，也不講究人物造型和性格刻畫。自從煙畫問世之後，卓有成績地填補了這一空白。在煙畫出版的全過程中，除了《金瓶梅》、《肉蒲團》等「色情禁書」之外，幾乎囊括了中國全部的文學故事，盡入畫圖之中。

這類煙畫的出版，內容的選擇是與當時的文娛熱點息息相關的，與當時的戲劇舞臺、書場熱話、電臺及傳媒的宣傳造勢，有著互動的功能。從這一點入手，去剖朽煙畫中某一題材的出現，應當是一個捷徑。而下，筆者就這類有代表性的作品，做一簡要的闡述，藉以說明煙畫的題材，是與「時人所好」緊密相關的。

首開先河的《聊齋誌異》

《聊齋誌異》這部奇書，是清季的一位老秀才蒲松齡的傑作。蒲松齡，字留仙，山東淄川（今淄博）人氏。生於公元 1640 年，歿於 1715 年，幼有軼才，老而不達，以諸生授徒於家。年八十二歲成康熙辛卯歲貢生。四年後遂卒。係清代著名的小說家。他傾其一生心血，搜集民間狐怪故事，著得《聊齋誌異》十六卷，內收中短篇故事四百三十一篇。用作者自己的話說：「才非干寶，雅愛搜神，情同黃州，喜人談鬼，閒則命筆，因以成編」（見蒲氏《聊齋誌異題辭》）。

清人《三借盧筆談》中，對蒲氏搜求寫作的過程，描繪得更為生動。「每臨晨，攜一大磁罌，中貯苦茗，具淡巴菰一包，置行人大道旁，下陳蘆襯，坐於上，煙茗置身畔。見行道者過，必強執與語，搜奇說異，隨人所知，渴則飲以茗，或奉以煙，必令暢談乃已。偶聞一事，歸而粉飾之。如是二十餘寒暑，此書方告成。」文中有趣地告知我們，這部書是蒲氏用煙草（淡巴菰）和茶水換來的。

魯迅在《中國小說史略》中贊其：「描寫委曲，敘次井然，用傳奇法，而以志怪，變幻之狀，如在目前，又或易調改弦，別敘畸人異事，而於幻域，頓入人間；偶述瑣聞，亦多簡潔，故讀者耳目，為之一新。又相傳漁洋山人（王士禎）激賞其書，欲市之而不得，故聲名益振，競相傳鈔」。到了乾隆三十一

年（1766）趙起杲刊刻於浙江建德（嚴州），這是該書發行之始。此後，有詮有注，各地刊刻，很快就普及了全國。成了家喻戶曉的讀物。同時，也成了評書、彈詞、曲藝、戲曲演唱的重要題材。據說，《聊齋誌異》刊行不久，此書便傳至日本。明治年間日本作家芥川龍之介的著作就收入了《聊齋誌異》的作品。

日本村井兄弟商社會出品的煙畫《聊齋》

日本村井兄弟商社會自成立之始，就把中國市場識為最大目標。在廣告部的建議之下，設計了這套煙畫。於1903年間在中國面市，是首次把中國古典文學故事導入煙畫的力作。全套三十枚，石印描金，精彩非常。其中高妙之處，是沒有文字題目，三十個故事，只有熟讀《聊齋》的人才能一一識別。這種「故設懸疑」的廣告手法，無疑，更增加了多人傳看的廣告效應。

後來，發行同一題材的煙商有許多。僅筆者所藏就有英美金邊、南洋白邊、華品小套、晉華豎張等《聊齋》五、六個品種。

掀起熱潮的《封神榜》

《封神榜》也稱《封神演義》，是一部寫武王伐紂的故事。事有所本，但多穿插神魔鬼怪、荒誕不經，成了一部神話小說。一說作者是許仲琳，一說是陸西星所著。原不為學者重視，難入大雅之堂。但書中離奇的情節，多為書場藝人看中，成本大套地說起來，還真吸引了不少市井聽眾。京劇中，則有《黃飛虎》《鹿臺恨》等戲上演。

民國初年的上海，華洋雜處，經濟繁榮。娛樂業出奇的紅火，演藝界的

激烈競爭，使演員和劇院老闆們窮思積慮地挖掘新的劇目。此時，年紀青青就已成為大牌主演的周信芳（麒麟童），已看中了這一題材，排演了連臺本戲《封神榜》。自飾冒死敢諫的比干和足智多謀的姜子牙。劇中串以奇門遁甲、神鬼變化，獸形鳥形、機關布景。時而風霜雨雪，時而雷電交加；時而神兵天降、時而蛟自海底出。自公演以來，四十餘日，場場爆滿。一時萬人空巷、口碑載道。把上海人迷得人仰馬翻。

英美煙草公司出品的《封神榜》煙畫

　　如此轟動，啟發了剛剛擴股成功的南洋兄弟煙草公司。由之出品了一套精美的《封神榜》人物繡像煙畫。並且許出大諾，凡積齊此煙畫 124 枚者，重獎在望！從此，拉開了國人集攢煙畫的序幕。

　　作家周瘦鵑先生曾在 1928 年 12 月 1 日的老《申報》上撰文寫道：他的大孩子「在大聯珠香煙裏看見了《封神榜》的畫片，就各處搜羅起來，好像歐西人覓寶一般熱心，每出一張新花樣，要補裘珍藏，瞧作希有的寶物。說起《封神榜》中人物的名子，琅琅上口，比我還嫻熟。我家的孩子如此，可知吾國神怪的故事，確有一種迷惑人的魔力。」

久刊不衰的《三國演義》

　　《三國演義》是一部依據歷史和傳說材料寫出來的長篇小說。作者羅貫中（1330～1400），別號羅湖散人。生於元代、死於明朝。據說曾充當過張士誠的幕僚，王圻在《稗史彙編》中說他「有志圖王」，是一個有政治抱負的人。在朱元璋大定中原之後，他轉為編寫「稗史」。《三國演義》就在此時完成的。

由於此書強烈的藝術感染力，自問世以來，久刊不衰。個中章節多被改編成戲劇和評話，演出於茶樓書肆，及大大小小的舞臺之上。日本、東南亞也廣為流傳。南洋兄弟煙草公司董事長簡照南先生是一位「三國迷」。他的辦公桌上長置一部《三國》，他不但熟讀此書，而且常把把魏、蜀、吳三國之爭的戰略戰術，有效地運用到商戰之中。為公司贏來了半壁江山。出版發行《三國》煙畫，也是他褒蜀貶魏的一種心向。刊行之後，矛頭直刺英美煙公司，一時間佔了上風，大獲全勝。

南洋兄弟煙草公司出版的煙畫《三國演義》

分別為英美和南洋兄弟煙草公司出版的煙畫《三國志人物繡像》

誰知，英美煙公司並不示弱，緊隨其後，出版了 150 枚一套的金邊《三國人物》。吸收西洋畫法塑造人物，欲以戰勝南洋傳統的敷彩線勾。

如此一搏，尚未分出勝負，卻引起一波《三國》煙畫發行熱。十餘年間，十八個企業共出版了《三國》煙畫 21 種。其中，南洋兄弟煙草公司和江南製

造廠出版的大張《三國演義》，陸續發行了三百多枚，直到抗戰爆發，也未能全部出完。只發行到第三十回《抱石敵臡》，就草草收兵了。

溫文爾雅的《紅樓夢》

《紅樓夢》一書是我國的文學瑰寶。曹雪芹以十年的茹苦含辛，完成這樣一部謳歌愛情的血淚史。問世以來，不知傾倒了多少癡情的男男女女。清季《竹枝詞》有云：「閒時不談紅樓夢、讀盡詩書也惘然」，足知其盛〔註3〕。

南洋兄弟煙公司出品的《紅樓夢人物繡像》

英美煙草公司精心繪製發行的《紅樓夢人物繡像》。

雙方競爭，一決高下。

〔註 3〕見燕山出版社《燕京竹枝詞》一書。

我國戲劇大師梅蘭芳在齊如山、李釋戡、羅癭公先生的攜協下，率先將黛玉葬花一折編成京劇，於民國五（1916）年冬，搬演於上海天蟾大舞臺。自此，《紅樓》戲不絕於場。不同劇種、不同旦角，皆以擅演此劇為標榜。

南洋兄弟煙草公司精心繪製發行的《紅樓夢人物繡像》時，也是「紅學」大行其道的時候。胡適先生的《紅樓夢研究》的發表，引起巨大的波瀾，文中正本清源，用科學的考證，對舊日遺老遺少們唯心主義的「紅學研究」，給予了無情鞭笞，開拓了「新的紅學天地」。

這套《紅樓夢》煙畫，前圖後詩，儒雅可嘉，且又生逢其時，一問世就成了尤物，是人所共認的上品，深得鑒賞家、收藏家的青睞。

英美煙公司不服氣，用水彩畫的形式，也出版了一套金邊《紅樓》。但畫法缺少「書卷氣」，遠不及南洋，只得鳴金敗北。

此後，《紅樓》人物和《紅樓夢》故事，總共有三十餘家煙廠參與其間，共有八套《紅樓》的不同版本問世。但無一品能超過南洋的清新秀麗。

繪聲繪色的《水滸傳》

「老不看《三國》，少不看《水滸》」，是流傳於民間的一句俚語，意在告誡年青氣盛的青年人，千萬別做動不動就「造反」，去當梁山好漢的事。這些冬烘之語，也反襯出施耐庵〔註4〕寫的這部書，是多麼有聲有色，有著多麼強烈的煽動性啊。

說來也怪，大凡越是不提倡的東西，人們就越愛搜求。《水滸》文化也是如此。尤其《水滸》評書，在書館、廟會、茶樓、酒肆的演說不絕於耳。二十年代初，上海先施公司創辦的第一個無線廣播電臺，長篇評書《水滸傳》是最受聽眾歡迎的節目之一。

煙商們自然不會放過這一題材，爭相出版《水滸》煙畫。自上世紀初到抗日戰爭爆發這一階段，英美、南洋、國美、晉華、華商等大大小小十幾家企業，先後出版了15個品種。一百零八名好漢的神情相貌，活生生地躍然紙上。在不同畫家的筆下所構設的英雄形象，給後人的創造，留下了一筆豐厚的藝術遺產。

〔註4〕施耐庵大約與羅貫中同時，生平無考，傳說他同元末的農民起義有一定聯繫。另據《傳奇匯考標目》考，施氏即元末劇作家施惠。

正昌煙草公司出品的《水滸傳》煙畫

華商煙草公司出品的《水滸傳》煙畫

1927 年，上海世界書局首次發行石印「連環圖畫」五部，其中就有《水滸》一部，係「小人書鼻祖」陳丹旭所繪。面市三天，即銷售一空。南洋兄弟煙公司馬上重金聘請陳氏，為之繪製《水滸傳》彩色連環畫，印成煙畫發行。前圖後文，巨卷綿連。畫到四百餘枚時，故事剛到第 34 回的《翠屏山石秀殺嫂》。所憾該部作品，也是因為戰爭的關係，未及殺青，而中途停止了。

婦孺皆愛的《西遊記》

在古西臘神話中，有給人類偷來火種的普羅末修斯：在日本神話中，有

能量巨大、普度眾生的孔雀明王：在印度神話中，有著身長翅膀、無所不能的神猴。而在我們的神話中，則有一位可以上天入地，千變萬化，事事皆能，無所不能的孫悟空。這位中國的神猴，就是《西遊記》中的行者孫大聖。關於他和豬八戒、沙僧、白龍馬一起，護著唐三藏去西天求取真經，一路上經歷了九九八十一難的故事，上至廟堂，下至蔽壤，長幼俱愛、婦孺皆知。

此書完成於明朝萬曆年間（1500～1581）。作者吳承恩、字汝忠，號射陽上人，淮安山陰人。他在民間傳說的基礎上創作完成。最先把孫悟空的形象塑於京劇舞臺的，是「一代宗師」楊小樓。他飾演的猴子，機智勇敢、聰穎靈活；造型大氣，做、表生動。尤其他在開打中發明的「化學把子」，滑稽火炙，出手利落，轟動一時。

海派京劇，把它排成連臺本戲，孫悟空在彩頭布景當中，上窮碧落、下入黃泉，鬥大鵬、斬蛟龍，收紅孩、降黃袍，戰天鬥地，好不快目。英美煙公司在熱鬧的「急急風」中，推出了這組法寶。人們抽煙、看戲、賞煙畫，把宣傳和時下的熱鬧融成一體。如此新穎的廣告構思，自然為產品行銷，又爭得勝券一籌。

英美煙草公司出品的大張《西遊記》煙畫

據金受申先生考證，這套煙畫是民俗畫家金蟾香的大作〔註5〕。簡約大度，古樸耐看，實屬煙畫上乘之作。在英國的專業刊物上，對這組煙畫的評價也頗為不俗，稱其為：「東方作品中的翹楚」〔註6〕。

熱鬧一時的《濟公傳》

傳說中，濟公、濟顛僧是南宋節度使之子李修緣。他是「羅漢轉世」，十七歲出家，法名道濟。因染疾形變而至瘋癲。又因他治好丞相秦熹之子的不治之症，而名噪一時。在南方，崇拜者尤重。在蘇、杭一帶大寺廟的羅漢堂中，均有供奉。所塑之像，一張面孔，兩種表情，左看似哭，右看似笑，「啼笑皆非、四大皆空」。有的還將其塑在房梁之上，以示他與諸羅漢有所不同。

膜拜濟公，起於宋、興於明。在民間的傳說中，把他描繪成一個充滿詼諧滑稽、機敏而又不屑權貴，專一為民伸張正義的「義僧」。由此，演義出諸多的情節和故事。《濟公傳》一書是何人所寫，迄今無考，應該說是民間口頭文學的集體創作。在民國初期，濟公的故事之所以在舞臺、書肆中紅火一時，窮其原因，是軍閥混戰，民心無定，井市百姓無所依賴，多把些「懲惡揚善」的故事，用來滿足自己的想向而已。

由此，煙畫《濟公傳》也就順時而生。在這一題目下出品的煙畫當中，要以天津正昌煙公司出品的最為突出。一是規格大，尺寸為 51×66mm。二是雙層邊框，裏邊為粉紅色，外邊是白色，這在煙畫設計上是絕無僅有的。三是篇幅大，大概全套有二百枚之巨。

天津正昌煙草公司出品的《濟公傳》煙畫

〔註5〕見金受申《談洋煙畫》一文。
〔註6〕見英國 CARTOPHILIC NOTES & NEWS 雜誌。

膾炙人口的《七劍十三俠》

這類武俠小說在二、三十年代風行一時的原因，同前所述無二。「除暴安良」、「懲善揚善」是平頭百姓的良好願望。《七劍十三俠》按說書藝人所云；它與《龍圖公案》、《七俠五義》、《小五義》等一樣，皆屬於「石派」書之列。所謂「石派」書，是指清代咸同年間著名的說書藝人石玉昆，能說能寫、善於發揮。《七俠五義》就是由他的初創，又經大文人俞樾增刪而成。另一說，該書為清末民初人，唐芸洲所寫。經南北藝人演說描模，一時也膾炙人口、婦孺皆知了。

英美煙公司在 1928 年～1931 年間發行了這套紅邊的煙畫，內容是從「徐名皋掘地得金」起，到「眾英雄句曲登高」為止，共為百枚。這套煙畫與眾不同的地方，是在畫技方面有著重要的突破。代表著中西畫法的相互吸收與融合。

英美煙草公司出品的《七劍十三俠》煙畫

如圖所示，它的畫面構圖已與舊日傳統繪畫不同。它強調遠近和透視關係，在著色上也強調光線、明暗和色相的統一。通篇看來，有全景、中景、近景之分，人物有層次、特寫之別。宛如近代拍電影、電視中推、拉、搖、移的分鏡角本一般。這一突破，應看為中國連環圖畫史中的一大進步。

攢珍集萃的《歷代傳奇》

煙畫《歷代傳奇》是英美煙公司的嘔心瀝血之作。它用了七、八年的工夫，即從 1930 年至 1936 年陸續出版了《歷代傳奇》並《一續》、《二續》、《三續》共 294 枚。每枚正面畫故事一則，背子印該故事說明一篇，將上自《晉書》、《列女傳》、《隋書》、《唐宋傳奇》，下至《清人筆記小說》上的故事，一一畫成圖畫，精印出版。做到了文有出處、畫有情節、言簡意賅，窮其所思。集之一起，蔚為壯觀。

英美煙公司陸續出版了《歷代名姝》，《一續》、《二續》、《三續》近三
百枚，前圖後文，圖文並茂。為傳播古典文學也起到了很好的作用。

精忠報國的《岳飛傳》

「怒髮衝冠，憑欄處瀟瀟雨歇；抬望限仰天長嘯，壯懷激烈……」，這首
岳飛的《滿江紅》，在三十年代唱得分外嘹亮。那是因為「九一八」事變，日
本軍國主義侵華，一夜之間佔領了我國東三省。舉國上下一片悲歌，保家衛
國、奮起抗戰的呼聲，聲震雲霄。此時的演藝文娛，也形成了同袍築陣、同仇
敵愾的主流。梅蘭芳在北方演起了《擊鼓抗金兵》，麒麟童在南方推出了《文
天祥》。《岳飛傳》一時成了最響亮的話題。電臺、書場最受歡迎的書目是《岳
飛》，書店、畫店賣的是《岳飛》，新興的國產電影業，也投入鉅資拍出了新片
《岳飛》。中國江南製造廠率先推出了一套大張白邊《岳飛傳》岳母刺字，精
忠報國的畫面，成為激勵人心的重要話題。兩年後，英美煙公司憤於對日本
對其東北市場的壓迫，也出了一套金邊大張的煙畫《說岳》。隨之，不少煙廠
也起而仿傚，在煙畫領域中，也形成了一條呼籲抗日的統一陣線。

英美煙公司出品的《說岳》煙畫

家喻戶曉的《啼笑因緣》

《啼笑因緣》是一部描寫鼓書藝人沈鳳喜與大學生樊家樹愛情悲劇的言情小說。是張恨水先生在 1930 年在上海《新聞報》副刊連載了一年之久的大作。因故事委婉曲折、扣人心扉，未及登完就被滬劇、淮劇、越劇、話劇和評彈說唱，多種形式搬上舞臺，成了家喻戶曉的話題。

1931 年年底，山西晉華煙公司老闆到上海處理業務，一下就相中了這個故事，馬上託人做倩，購買了這部書的改編權，就地請人繪製畫稿，就地製版印刷，隨後運至榆次，附贈於「晉華」牌香煙之內。山西省地處內陸、交通不便，比較閉塞，這一個動人的故事，人們爭相傳看。因為搶了先，還真地給促銷幫了大忙。

山西晉華煙公司出品的煙畫《啼笑因緣》

除此之外，《開天闢地》、《東遊記》、《八仙圖》、《十粒金丹》、《白蛇傳》、《天仙配》等神話故事，武俠小說《大明英烈傳》、《火燒紅蓮寺》、《隋唐演義》、《風塵三俠》、《彭公案》、《施公案》、《太平天國》，以及民間文學《楊家將》、《薛仁貴》、《孟姜女》、《唐伯虎》、《玉堂春》、《再生緣》、《玉青蜓》、《笑中緣》等等，應有盡有。都曾被印成煙畫廣為傳播，成了市井百姓的「愛巴物」。

大詩人朱湘，在年輕時都被這些煙畫弄得神魂顛倒，終日傾情其間。他在《中書集》中，還深有感情地寫道：他每得到一枚夢寐以求的煙畫時，那時

的心情,「那便是一個成人與他所戀愛的女子結了婚,一個在世界上鑽營的人,一但得了肥缺,當時所體驗到的鼓舞,也不能在程度上超越過去」。

由此可見,文學故事充實豐富了煙畫的內容;相應,數以億計的煙畫又把這些文學故事傳入萬戶千家。常言說「滴水穿石」、「久磨成針」,像飛絮般的小畫片身微體輕,但經久不厭的廝磨,其感染力量,焉能等閒視之。

謳歌中國戲劇

捲煙與煙畫進入中國之際,正是我國京劇臻於成熟之時;煙畫掀起熱潮之日,也正是京劇鼎盛之日。二者幾如同步生,同步長、同時成熟、同時在不同的舞臺上,唱著火爆的大戲。在整理煙畫中相關京劇部分時,如同讀著一部繪聲繪色的京劇史。

大家都知道,清代初年,京師的舞臺上只盛行崑曲、梆子,自乾隆五十五年(1790),三慶、四喜、春臺、和春四大徽班進京,才開始徽漢合流,融百戲之長,逐漸發展成為一大新劇種——京劇。

1885 年,當美國香煙方剛進入上海的時候,沈蓉圃繪製的《同光十三絕》,即程長庚、張二奎、余三勝、徐小香、譚鑫培、梅巧玲、劉趕三等京劇鼻祖的劇裝繡像,正好懸掛在前門大柵欄廊房頭條中,方學圃畫鋪的門額之上了[註7]。

當 E. 菲里斯克在華推銷「老車」與「品海」牌香煙的 1889 年[註8]期間,上海的娛樂業軍已是一片繁榮。丹桂、天仙、各大戲園,日日絃歌,「夜燭通明、履綦滿座」[註9]。時人有《竹枝詞》云:

洋場隨處足逍遙,漫把情況筆細描;

大小戲園開滿路,笙歌夜夜似元宵[註10]。

人們吸著洋煙,看著京劇,嘴裏而哼著「家國興亡誰管得,滿城爭說叫天兒(譚鑫培藝名)」的妙句[註11]。

而當第一套印有東方風情的煙畫出現在上海的時候,第一枚印有京劇劇照的肖像,便隨之粉墨登場了。從此,煙畫與京劇結下了不解之緣。

[註 7] 1876 年 2 月 7 日《申報》。
[註 8] 見上海社科院編《英美煙公司在華企業資料彙編》。
[註 9] 見清同治十一年(1872.6.4)《申報》《戲園雜談》一文。
[註10] 《申報》1872 年 7 月 9 日晟溪養浩主人作。
[註11] 見《燕九竹枝詞》。

舉國煙畫發行收藏熱的時候，正是京劇如日中天之日。彼時各大煙草公司爭相出品京劇煙畫。為京劇史的研究也留下了豐富的圖文資料。

第一枚京劇煙畫

1889年，日本村井兄弟商會社為了攻佔中國市場，他們別出心裁，精心設計了一套印有中國婦女形象的煙畫——《揚州百美圖》。全套共144枚，大多是當年的青樓佳麗。其中，有一枚與眾不同，景中人物身著古裝衣裙，雲

鬢高髻，腰肢曼倩，手中持著一柄拂塵，宛若仙媛。經過內行指點，這是一枚「髦兒班」戲曲劇照。該坤伶飾演的是《思凡下山》中的人物——小尼姑妙玉。從化妝上來看，與今日略有不同，那是因為，彼時京劇和崑腔正處在相互融合的時候，妙玉尚不冠道籠兒，也不穿卍字坎肩兒。

　　今日看來，此幀煙畫本無任何奇特之處。可當年卻是一枚只能躲入背人之處、偷著欣賞的「豔照」。

日本村井兄弟煙草公司出品的
一枚早期京劇的煙畫《思凡下山》

　　據老《申報》載，當年，滬上盛行由女子組成的小戲班。初時，「有某妓購置雛環學習唱戲，名曰貓（髦）兒班。紅氍貼地，翠袖揚風；繞梁喝月之聲，撥雨撩雲之態，足使見者悅目，聞者蕩心。名園宴客，綺席飛觴，非得女伶點綴其間，不足以盡興」。這幀煙畫就是當時風尚的寫照。

　　《思凡下山》原本是描寫一個少年小尼，不堪庵堂寂寞的故事。卻被當時上海蘇藩司黃方伯先生，列為禁演的淫戲之中。而且，明明白白地把這一戲碼兒，刊登在光緒十六年六月十四日的《申報》之上〔註12〕。文稱：「自示之後，凡屬淫盜之闋，一概不准演唱，如敢故違，一經訪聞，定即封班拿究」。

　　京劇在煙畫上的第一個亮相，就觸到如此黴頭，並非什麼好事。但它卻給這條《禁除淫戲告示》的史料，做了一個很有趣的「圖證」。

〔註12〕見光緒十六年（1890.1.27）《申報》《英租界諭禁女伶》一文。

煙畫上的京劇巨星——梅蘭芳

煙畫上第一位五彩精印的京劇大明星，就是著名的戲劇大師梅蘭芳博士。

民國二年（1913）十月，梅蘭芳首次到上海獻藝。當時在英美煙公司廣告部就職的丁悚〔註13〕就率先在《申報》上撰文稱：「梅蘭芳之青衫，亦為都中第一流人物。色藝之佳，早已名滿都下。滬園嘗專人往聘，當訂合同月俸一千八百元，川資在外。有梨園癖者，自議聯翩往觀。第一臺又將座無隙地矣！」。首演之日，梅蘭芳一炮而紅。兩年後再蒞滬上的時候，遂貼演了《黛玉葬花》〔註14〕《晴雯》、《天女散花》等一系列古裝新戲，使人已目不暇給、眼花繚亂了。尤其《葬花》一劇，纏綿的劇情和新穎的化裝，傾倒了萬千顧曲的周郎。時人賦詩云：

> 化人遊戲見天真，月影分明一證因；
>
> 何必羅浮更尋夢，亭亭元是此人身〔註15〕。

從此，梅蘭芳名聲大噪，天下皆知。有不知孫中山是何人者，而無不知梅蘭芳是何人者也。

南洋兄弟煙草公司在 1919
年出品的第一枚梅蘭芳
《葬花》煙畫

〔註13〕丁悚，民初記者、畫家。今漫畫家丁聰之父。《第一臺聘王鳳卿和梅蘭芳》見
　　　　1913 年 10 月 28 日《申報》。
〔註14〕《黛玉葬花》：齊如山提綱，李釋戡編劇，梅蘭芳 1916 年首演於吉祥戲園。
〔註15〕見 1920 年 4 月 29 日《申報》。

　　時值第一次世界大戰初起，英美煙公司壟斷我國市場的氣勢漸弱。南洋兄弟煙草公司乘勢雄起，向社會擴股 1500 萬，增蓋廠房，添置設備，推出一系列新的香煙品牌。在董事長簡照南、簡玉階的親自挑選下，由日本印刷廠精印了八枚一套的煙畫，作為禮品隨煙附贈。梅蘭芳的《葬花》劇照首列其間。梅氏那雲鬟素服，顰眉欲語，弱不禁風，荷鋤獨步的林黛玉躍然畫上。這是民國五年，煙業以梅先生形象為商業號召的第一個例子。

　　奈何，梅氏那楚楚動人的造型，使設計者忘卻了他的性別，使其與廣東的名媛淑女排印在同一組煙畫中，還堂而皇之地冠名《中國婦女照》。據說，當年梅先生對此十分不悅〔註 16〕。以至其後數年間，從未正式同意任何煙廠在煙畫上印他的劇照。直到他被評為「四大名旦」之後，經過西人施維福、李仲昭等人的反覆運動、說項，梅先生方正式給予英美煙公司、德隆煙廠等公司以肖像使用權的授權書。

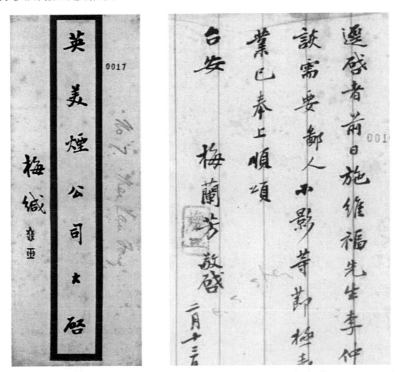

梅蘭芳致施維福、李仲昭的函，同意英美煙公司享有其肖像使用權

　　在煙畫中，幾乎可以找出他曾經公演過的每一齣戲。如《嫦娥奔月》、《天河配》、《天女散花》、《洛神》、《太真外傳》、《廉錦楓》等等劇目，盡收其間。

〔註16〕此事係梅蘭芳的女兒梅葆玥對筆者所談。

其中有一齣他很少公演的《金針刺紅蟒》的劇照，從化裝、服飾和手中所持的「金針」，均有新意，是一枚從未披露過的照片。還有，筆者珍藏的第一版《梅蘭芳便服肖像》，都是煙畫中異常名貴的史料。

下圖為英美和南洋公司出品的「梅蘭芳劇裝照」煙畫

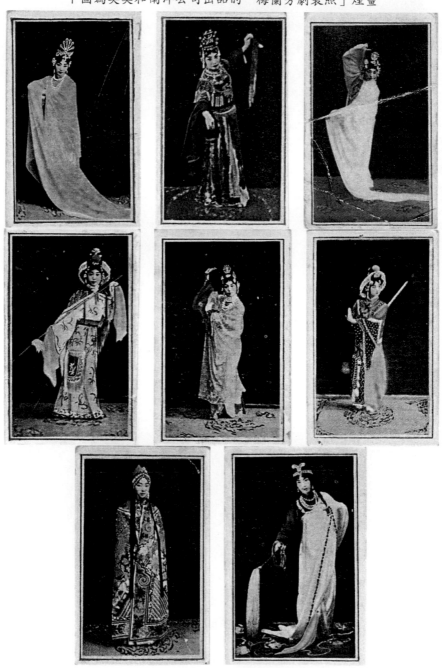

英美煙草公司在 1931 年出品的《梅蘭芳便服肖像》和梅蘭芳演出
的一些古裝戲煙畫

從民國二十年開始，有十餘家煙廠發行了多種梅蘭芳劇照的煙畫。可以
說，在京劇題材的煙畫中，梅先生的劇照發行量最大、出版數量最多。

發生在煙畫上的首例肖像侵權案

二十年代，京劇日益成熟，如日中天，煙業廣告宣傳的題材亦日益藉重
京劇的聲勢，出版的越來越多。民國十三年（1924），上海華成煙草公司成立。
他們一度打破英美煙公司對北美煙葉的壟斷，低價購入很多優質原料，便著
手推出新的品牌。特邀了滬上著名畫家謝之光先生〔註17〕設計包裝。謝氏素

〔註17〕謝之光（1900～1976），上海人，幼從張聿光學畫，22 歲出版了第一幀月份
牌畫，是解放前上海著名的廣告畫畫家。

以構思奇巧、出手神速在畫壇稱著。據說，受託是晚，隨手翻開一份畫報，對著上面的一幀名伶肖像為模特，就畫在了煙標正中，四周飾以花邊，用粉橙色打底，十分別致高雅，取名為「美麗」牌香煙。

華成總經理戴耕莘是位熱衷京劇的名票〔註18〕，在審稿時一眼就看出這是正在走紅的京劇新秀──呂美玉。當時社會上尚無侵權不侵權的說法，遂提議再搞幾幀呂氏劇照，印成煙畫一同上市豈不更好。當即議定，大家就分頭去做了。1925年，「美麗」牌香煙隆重登場。因為煙絲好、價錢巧，又借著呂美玉的人氣兒，上市三天，搶售一空，產品幾乎斷檔。銷售之旺，已與「金鼠」齊名，備受各界歡迎。

華成煙草公司在1925年出品的「美麗」牌香煙的煙標

呂美玉小照和華成煙草公司在「美麗」牌香煙內附贈的《呂美玉劇照》煙畫

〔註18〕戴耕莘（1895～1956），名芳達，浙江鎮海人。少年隨父經商。1924年任華成煙草公司總經理，同年被推舉為上海總商會會董。平生熱衷京劇藝術，常粉墨登場票戲。任職間，華成煙草公司出版了諸多京劇煙畫。

　　呂美玉何許人？她是上時上海名伶呂月樵和時鳳儀的女兒，出身梨園世家，但從小上學讀書，並末下海從藝。但呂美玉資質聰慧，平時耳濡目染，也擅登場做戲。時不時也借臺唱上兩齣傳統戲，但成績平平，未露頭角。

　　民國十三年，她在朋友們的慫促下，排演了一齣時裝戲，名叫《失足恨》〔註19〕。演的是女學生尚寶琳與吳偉業一見傾心，以身相許，不慎失足。不想後來吳氏與之反目，兩情決絕。面對同學之諷刺、父母的詬誶，尚寶琳自殺身死。此劇在結束前，當女主人公唱道：「一失足成千古恨，再回頭已是百年身」時，臺上臺下，哭成一遍。當時轟動滬上，連演一月，場場爆滿，呂氏之名，遂家喻戶曉。不久，她便下嫁與上海聞人魏延榮，做了茹夫人。

　　「美麗」牌香煙上市的成功，煙畫四處散發，最初，呂美玉尚無不悅，「有美皆備、無麗不臻」的廣告語，也頗能沁人心脾。其夫君魏延榮原是元泰呢絨公司的小開，自幼受到法文語系的西方教育，亦諳熟西方法律。他告訴呂美玉，若根據西洋法律，「凡末經本人同意而濫用其肖像製做宣傳品」者，是一種嚴重的侵權行為。

　　於是，呂美玉一紙訴狀告上了法廳，並聘請了著名大律師鄂森（呂弓）為代理人，要求華成煙公司立即停止使用其肖像，並要求賠償名譽損失。這是我國近代商業史上的第一例關於「肖像使用權」的侵權案例。訴者是京劇坤伶，而且恰恰又與煙畫相關。

　　華成當即慌了手腳，戴耕莘也自覺理虧。但必竟「美麗」已成了響噹噹的大名牌，焉能割捨變更。只得倩人說和，希望廳外調解。其間幾費周折，除了私下裏支付呂氏重金賠償之外，還達成了「今後，華成每生產一箱『美麗』牌香煙，便支付肖像使用費大洋五角」，按月結算，月底付清等條件〔註20〕。呂氏方撤訴了之。

　　根據華成煙草公司《檔案》記載；「美麗」牌香煙 1926 年、27 年、28 年的銷售量，分別為 3,258 箱、14,621 箱、22,744 箱，依約，這三年華成就支付呂氏大洋兩萬餘元。

　　有道是不打不成交，呂氏亦深感華成禮遇不薄，便特意拍了一些新劇照供華成印製煙畫選用。從此，「美麗」牌香煙銷得更為紅火。

〔註19〕見 1924 年 7 月 6 日《申報》冰文《〈失足恨〉新評》。
〔註20〕見《華成煙草公司公私合營文件資料》油印本。

煙畫力捧的京劇明星

　　將京劇明星印到煙畫上本不足為奇，但通過煙畫，要捧出一位京劇紅星來，可就不太容易了，女演員潘雪豔就是一個例子。

　　二十年代末，面對「美麗」牌香煙在市場上的凌厲攻勢，英美煙公司真有些招架不住。廣告部就策劃了一個廣告方案，建議本公司培植一名京劇新星出來，作為新品牌形象，與「美麗」牌的呂美玉抗衡。這個方案還真的得到總部的批准。經過多方考查、物色，最終選中了一位欲紅未紅，頗有明星潛力的京劇女演員——潘雪豔。

「華芳」牌香煙的煙標

「華芳」牌香煙內附贈的《潘雪豔便裝照和戲裝照》煙畫

是時，滬上正流行機關布景的連臺本戲〔註21〕。最有號召力的是，京劇泰斗周信芳麾下的演員陣容和精彩的劇目，《封神榜》、《狸貓換太子》、《徽欽二帝》、《龍鳳帕》等，本本引人入勝，久演不衰。潘雪豔就是這一班底的樑柱。年輕漂亮，嗓音甜美，身手不凡，文武全才，在臺上極有人緣。但她在劇團中的地位，一直處在女主演琴雪芳之下。戲迷對她時不時地發出「既生瑜兒何生亮」的噓歎！

英美廣告部認為，潘雪豔是「一顆明珠土裏埋」，公司託一把，將來一定會大紅大紫、前途無量。到那時，公司也會得到豐厚的宣傳回報。經過多次私下接觸，也頗中潘氏下懷。雙方很快達成協議（合同文本現存上海檔案館），潘雪豔授權英美使用自己的肖像和劇照，可以用來設計煙標、煙畫和各種廣告。英美煙公司支付報酬若干，並從輿論上鼎力支持潘雪豔的演出活動。

協議達成後，經過一系列緊張的準備，最終選擇在潘雪豔公演《龍鳳帕》時，英美煙公司推出了新品「華芳」牌香煙。此煙從設計意圖、色彩、風格和包裝外型，直逼「美麗」。在香煙大戰中，兩位女明星唱起了對臺戲。一度廣告達到：凡有「美麗」，必有「華芳」；凡有呂美玉的巧笑，旁邊必貼有潘雪豔的秋波。癮君子中也出現了呂黨、潘黨兩大派。愛聽呂美玉的，吸「美麗」；愛看潘雪豔的，抽「華芳」。兩黨別見面，見面就打架，一時成了社會新聞。

英美與華成在潘、呂二人身上皆投入了鉅資。但明星的基礎還是要建立在藝術成就之上的。依靠其他因素走紅，必是冰山無疑，而且，還會遭到同行的輕賤。果然，二人不久皆離開舞臺，嫁夫息影，去當闊太太了。唯有一幀幀印有她們劇照的煙畫，至今還述說著這段故事。

煙畫是圖文並茂的《大戲考》

關於中國戲劇曲目的統計，成書於 1715～1722 年間的《樂府考略》（現存二十一冊），記有雜劇、傳奇六百八十五種。除去《元宵鬧》一種重複，實得六百八十四種。書中內容除劇目外，還介紹劇情，考證故事來源，間附作者簡歷和短評，是我國最早的一部「戲考」。

〔註21〕連臺本戲：是將一部長篇故事分章節排演，附以燈光布景，是「海派」京劇的一種表演形式。

　　乾隆時期，巡鹽御史伊齡阿、圖恩阿等，曾在揚州設局審查戲曲，著有《曲海》一部〔註22〕。姚梅伯則著有《今樂考證》一部〔註23〕，載有作者三百一十八人，戲劇名目一千一百八十四種。

　　以繪畫來描述戲劇，始見於宋代。故宮博物院現藏兩幅，一為《眼藥酸》，另一幅為兩女子扮副末、副淨，打拱做戲，劇名待考。待京劇成熟之清季，民間戲劇版畫興起。楊柳青、桃花塢生產最豐。畫中可以看到演員的身段、工架，舞臺調度，服飾、臉譜和砌末。現能收集到的，有楊柳青版畫三百四十多種，桃花塢七十餘種，共有劇目四百一十齣〔註24〕。此外，清代宮廷戲曲畫現藏三種。一為《性理精義》兩冊一百幅，每齣戲由兩至四幅繪出（間有六幅），共四十四齣。二是《戲齣畫冊》四冊，繪有劇目近百。三為《清人戲齣冊》一冊，繪京劇十四齣。另外，梅蘭芳先生和北京圖書館藏《昇平署扮相譜》，繪有《豔陽樓》等近五十餘齣。綜合一起，共為近三百餘齣戲曲圖像資料。

　　而京劇煙畫，從十九世紀末葉到1946年為止，五十年間出品印刷無數。連綴起來，真是一部內容浩瀚的畫卷。且有圖有形，有景有情，如實地記錄了當年經常上演的劇目，以及戲劇人物、服裝、道具、化裝，名角巨星以至故事梗概、演員介紹、藝術評論等。筆者收藏有限，然粗略統計一下，劇目亦有數百種之多。如若編纂成冊，也是一部有價值的「大戲考」。

煙畫中珍貴的京劇史料

京劇老照片

　　梅蘭芳先生在一篇文章中談道：「京劇老照片至為珍貴。從這些老照片中，不僅能看到老一輩藝術家們的清姿神韻，而且能從中體會到他們的表演技巧。對於後學者說來，也是一個範本。能發現自身的不足之處。比如，我早期的《虹霓關》劇照上下身不順。在照片上看出毛病，現在就糾正過來了。」

　　煙畫上印有很多京劇老照片。由於當年的印刷技術所限，質量良莠不齊。但它真實地記錄了演員的舞臺風采和劇情劇貌。這些照片上可溯至老前輩陳

〔註22〕《曲海》，清黃文錫主校，見《揚州畫舫錄》。
〔註23〕《今樂考證》：姚梅伯（1805～1864）著。姚曾編《今樂府選》五百卷付梓。
〔註24〕見王樹村《中國大百科全書‧戲曲卷條目注》。

德霖、楊寶森、老十三旦；中有楊小樓、王鳳卿、馬連良、金少山、梅、尚、
程、荀；新的則有科裏紅的李世芳、李萬春等。南方的麒麟童、林樹森、歐陽
予倩、琴雪芳⋯⋯亦盡在其間。他們的劇目，他們的神態，在煙畫上猶呼之
欲出。

煙畫中印有許多京劇老照片，是珍貴的京劇史料

海派京劇的神韻

　　京劇向有京朝派與外江派（海派）之分。京朝派在表演藝術上師承正宗，
一招一式，從不逾矩。而海派演員勇於突破，大膽創新，善演連臺本戲，強調
燈光布景，順勢趨時，商業味道就更濃了一些。周信芳等一批滬上藝術家，
對京劇傳統表演的吸收與突破，做出了不可磨滅的貢獻。

　　煙畫的大本營在上海，因之近水樓臺，為海派京劇留下很多寶貴的資料。
尤其華成煙公司在二三十年代印製的最多。如《京劇折子戲》、《呂美玉劇照》
等，從中都能看到海派京劇的風格。尤其是《封神榜》一劇，紂王的扮相：
貼眉、黏鬚，戴流蘇皇冠、身著改良龍袍，完全改變了京劇的傳統裝束。姐
己，在舞臺上玉體橫陳、羅襪紗裙；孿女乾脆赤臂露腿、做起了西洋舞蹈的
動作⋯⋯這些劇照資料在京劇的正史書籍中難以搜尋，唯有煙畫還保留一
二。

「美麗」牌香煙中的煙畫《封神榜》中的表演和服裝均有很大的
改革與創新，頗有海派特色。

京劇臉譜

京劇臉譜是我國戲劇瑰寶之一。一般用於淨、丑角色扮演的各種人物。
它是以誇張的色彩和線條來改變演員的本來面目，別開生面地去塑造人物造
型、性格及心理活動。是在唐、宋戲劇表現中的塗面和面具化妝的基礎上發
展起來的。孟郊《絃歌行》有：「驅儺擊鼓吹長笛，瘦鬼染面惟齒白」的句子。
溫庭筠《乾饌子》中有「墨塗其面、著碧衫子，作神，舞一曲慢趨而出」之
說。都是對早期臉譜的記述。

隨著元雜劇的興起，戲劇表演日臻完美，臉譜也日趨豐富多彩，最終發
展為以「形」，傳「神」達「意」的完美境界。

但是，歷史流傳下來對臉譜的著述無多，梅先生的綴玉軒藏明清臉譜五
十六幅，和清初崑、弋臉譜十五幅，算是較有系統的文獻了。二十年代，華成
煙公司出品的兩百枚煙畫《京劇臉譜》，更稱得上是件很了不起的創舉，給今
人留下了又一寶貴的文獻。

二十年代，滬上京劇名伶風集雲聚，淨角亦是人才濟濟。增長生、馮志
奎、梁俊圃、曹甫臣、董俊峰都是個中翹楚。北方的金少山、郝壽臣、侯喜瑞
也都鋒芒畢露。一時間，黃鐘大呂傾倒無數戲迷。各劇場舞臺為了爭取觀眾，

時常舉辦銅錘花臉大會，將《鎖五龍》、《探皇陵》、《牧虎關》、《魚藏劍》、《李七長亭》等花臉唱做並重的戲，綁在一起演出，搞得傾城爭睹、萬人空巷。舞臺上絢麗多彩的臉譜，引起人們更加廣泛的興趣。

日本支那劇研究會的漢學家冢本與戲劇家歐陽予倩、畫家若柳及晨光美術會的唐越石曾多次聚會，發起對京劇臉譜的討論，並就臉譜的起源、種類以及臉譜的色彩、符號的抽象意義，在報紙上發表了多篇文章，引起學術界和社會的廣泛關注〔註25〕。

華成煙草公司總經理戴耕莘慧眼獨具，動作敏捷，私下裏邀請了精通戲劇臉譜的畫師，繪製了兩百枚臉譜，分兩批精印出版，附在香煙包內隆重推出。在煙畫收藏熱潮之中，又添了一把火，甚是轟動。不僅戲劇愛好者、美術愛好者競相收集，就是戲劇界的內行們，也視之為化裝參照的藍本。據說，名淨裘盛戎先生生前就珍藏有全套的《臉譜》煙畫，常常獨自反覆賞玩，愛不釋手。

此譜好處在於畫得有根有據，準確無誤，頗有講究。如曹操的臉譜，在《陽平關》、《長阪坡》兩個戲中因環境、劇情之需，均有不同的處理：《陽平關》時的曹操，老謀深算、智賺張魯，故突出他的詭計多端，故畫細眉細眼，以刻其奸；而《長阪坡》時的曹操，壯年鼎盛，大破劉備，正在得意洋洋之際，故而，曹操的兩抹胭脂，藉以突出傲岸氣盛的神態。包拯的臉譜則在《探陰山》、《雙包案》、《太歲辭朝》等戲中，又都有所不同。面部圖案因人物年齡、地位、身份的變化，各有區別。圖案、線條微小的差異，可以看出戲劇藝人在臉譜創作發展中的良苦用心。

〔註25〕見 1925 年 8 月 21 日～23 日《申報》唐越石文《討論臉譜的記錄》。

華成煙公司出品的《京劇臉譜百圖》和《續京劇臉譜百圖》共二百幀均是寶貴的
戲劇史料

丑行小百科

丑角在京劇中稱為三面，俗稱小花臉。臉譜只在眼鼻之間略抹色彩，是
劇中滑稽角色的總稱。丑角中包括文丑、武丑、彩旦、婆子種種。

「丑」的由來，據《明史》載：「憲宗時太監汪直與王越、陳鉞結為心腹，

狼狽為奸，勢傾中外，人皆側目。有中官名阿丑者，善詼諧，頗有譎諫風。一日，丑作醉者酗酒狀，前遣人伴曰：某官至，酗罵如故；又曰：駕至，酗罵又如故；曰汪太監來，醉者始驚迫帖然。旁一人曰：駕至不懼，而懼太監，何也？曰：吾知有汪太監，而不知有天子。又一日，忽效直衣冠、持雙斧趨蹌而行。或問故，答曰，吾將兵，惟仗此兩鉞耳。問鉞何名：曰王越，陳鉞也。上微哂。自是直寵漸衰，未幾罷斥。」後人以丑能感主悟，頗有東方淳于之風，因傚之為戲，即以其名，名為丑，從此，丑角之名以立〔註26〕。

　　1931年，上海京劇界曾仿傚淨角匯演，又搞起了「丑角大獻演」。南北文武名丑薈萃一堂，將許多從來不演、壓在箱子底的戲都翻將出來，如《一匹布》、《丑別窯》、《賣餑餑》、《教歌》、《頂燈》等小丑戲、玩笑戲，一起搬上臺來，使得滬人捧腹竟月。

華成煙公司出品的《百丑圖》和《續百丑圖》共二百幀亦是十分珍貴的戲劇史料

〔註26〕見陸士方《關於丑角之考證》。

　　華成煙公司又抓住這一噱頭，印行了煙畫《百醜圖》，隨「美麗」香煙派贈。「美」、「丑」相佐相祐，又是一段佳話。這套煙畫最大的價值在於它的背子說明，把劇中人物的扮相、穿戴記得十分詳細，為專業演員和戲劇研究者提供了一部「丑行小百科」。

　　京劇豐富了煙畫，煙畫宣傳了京劇。綜上所述，二十世紀二三十年代，京劇舞臺「百花齊放、百家爭鳴」，爭奇鬥豔，新劇迭出。上海灘上的丹桂第一臺、共舞臺、大舞臺、天蟾、更新、天樂、新新數十家劇場，日日箏琶、夜夜作場。各地劇團，南北名家，每日在滬輪番上演的劇目不下百種。此時上海大小煙廠也有百家之數，市場上香煙牌號多得數不清。煙畫更是多如牛毛。豐富的京劇劇目為煙畫提供了豐富的題材。

　　轟動一時的劇目，影響著煙畫的創作選題。如連臺本戲《狸貓換太子》，像電視連續劇一樣，從一本演到三十四本。從 1922 年一直演到 1927 年。觀眾依然充滿熱情、滿坑滿谷。英美煙公司在此期間，發行了一大套金邊的同名煙畫。

　　1924 年，天蟾推出連臺本戲《封神榜》，隨著南洋、英美亦印發了《封神榜》繡像和故事煙畫。1928 年 6 月，第一臺上演了《開天闢地》，「費去六個月之工程，並敷千金之資本，編排成就，內容之考究，為上海各新戲空前未有。丹桂門前，車水馬龍，戶限為穿雲」〔註27〕。天華煙草公司馬上就印行了煙畫《開天闢地》。同年，榮記大舞臺重排《十粒金丹》時，煙廠就出品了《鎮國高廷贊》……如此種種，足見京劇對煙畫的影響。反之，煙畫隨香煙從城市到鄉村，從江南到大漠；東西南北、海闊天空，如水銀瀉地一般向士農工商、平民百姓傳遞著戲劇文化、演出信息和明星的光彩。人們抽著香煙，看著煙畫上的戲齣，琢磨著背子上的戲詞，使京劇藝術浸入心脾。

　　許多老百姓和鄉間農民都認為，沒有煙畫的香煙不是正宗的產品。沒有煙畫的香煙，人們都不願意購買。許多煙廠調查員都向總部建議：多印製「中國戲劇，並應在畫片背面加印劇情說明」的〔註28〕。自然是因為京劇煙畫有力地促進了香煙的銷售。從小小的煙畫與京劇的這段因緣，可以看到，經濟—文化相結合後，所產生的互動作用。

〔註27〕見 1928 年 6 月 4 日《申報》之《丹桂第一臺演「開天闢地」之盛況》。
〔註28〕見《頤中檔案》1930 年《天津調查員段夏浦致英美煙公司董事函》。

1937年，抗日戰爭爆發。英美煙公司趁機抽逃資金，減少在中國的產量。民族煙廠如南洋、華成，在戰火中也被破壞，停工停產。煙畫出品日漸減少。同樣，戲劇界的有志之士，息影隱退，梅蘭芳蓄鬚明志；程硯秋荷鋤務農……京劇一度走入低谷。您看，煙畫與京劇的起落，有著多少巧合！

推廣體育運動

煙畫在推廣體育運動和運動文化方面，也貢獻不菲。

最早進入中國的煙畫，曾自覺不自覺地向國人推薦了許多體育洋明星，如板球球星斯太勃茲（S. J. STAPLES）、雷蘭德（M. LEYLAND）、足球明星蘇洛克（N. SOLLOCK）等，自然，也就向國人介紹了板球、足球等運動。在十九世紀八九十年代，被西人嘲笑為「東亞病夫」的中國人，一時還真不知道板球、籃球、足球、壘球為何物。隨著香煙的推廣，介紹運動內容的畫片越來越多。西洋的網球、壘球、回力球、滑雪、溜冰、賽跑、跳遠、跳高在圖畫中一一出現，這些新奇的事物對充滿朝氣的年輕人，有著絕大的吸引力。尤其在戊戌變法之後，新學堂的建立，體育運動得到迅速地推廣普及。當然，這種推動並非是煙畫的作用，但運動系列的煙畫在普及推廣新運動中，確實起到了並非綿薄的作用。

足球

就拿足球來說，人們從史書上可知，唐代宮苑中稱之為蹴球。《文獻通考》中稱，其始於唐，「植兩修竹、高數丈，絡網於上，為門以度球」。宋朝還出現了一位蹴球高手、被皇帝封為太尉的高俅。我們從稗史小說中知道，這是一項男女都可以參與的運動。例如，明代蘭陵笑笑生著的《金瓶梅》，其中就有潘金蓮在後花園中與陳經濟、應伯爵等人一起蹴球的描寫和插圖。這種球，也稱鞠。這種鞠球，依顏師古的考據是：「以韋為之，中實以物，蹴踢而樂也」（《漢書·枚乘傳》）。雖說其形制和規則與今日都不相同，但畢竟還是一種能普及到民間的運動形式。但是，到了清代，這些運動都消失不存了，文獻中再無記述。

外國煙畫的進入，向國人介紹了許多域外運動，對中國體育運動的促進也起到了示範作用。

中國各項傳統運動也進入了煙畫的視野被廣泛進行宣傳。

　　美國人所寫的《改造中國》一書中，提到足球剛一進入中國時的情景。文中說，道光年間，廣東開埠後，住在沙面的外籍牧師熱心地向當地人教授足球的踢法，並且記有組織華人青年與西人比賽的事情。這當是國人最早與現代足球運動的接觸實例。

　　清亡之後，足球運動發展得飛快。幾乎所有洋學堂都提倡這種運動，都有自己的足球隊。著名京劇表演藝術家趙榮琛先生在《梨園子弟宦門後》一書中，所提到那時的學生生活，就已經離不開京劇和足球了。

　　三十年代，中國足球踢出了自己的巨星——李惠堂〔註29〕。他那高超非凡的球技，在「黑珍珠」貝利之先，就得到國際上的一致公認。時人有諺稱：「聽戲要聽梅蘭芳，看球要看李惠堂。」

　　有關足球的煙畫陸續出現了不少，而以英美煙公司發行的一套最為突出。不僅畫得好，背子的說明更好。把腳法、盤帶、陣法、隊形、攻守技巧，一一說明，集全一套，便是一本「足球教科書」，在當年的學生群中影響很大。

游泳

　　對於這項運動，國人並不陌生。古代文獻中，老早就有「蹼人」、「弄潮兒」之說。文學故事中，也不乏「探海求珠的廉錦楓」、「浪裏白條張順」之流。但是，作為一項體育運動，直到民國初年，還是一項空白。

　　1886年，英國工部局在上海靜安路修建了第一個游泳池，純粹是專供外籍人使用之物。民初對外開放，西人和時髦男女在裏邊游泳，而門外竟然對路人賣票，可以進場觀瞻，真是奇之又奇的怪事。由此，也可以看出當年國人思想的不開化和此項運動的落後。

　　直到二十年代，游泳漸漸推廣，但還只是限於上層社會的青年男女。一些煙廠，如華商、家庭等煙廠開始發行游泳類煙畫。有的還出品了由十幾幅

〔註29〕李惠堂，字光梁，號魯衛，1905年出生於香港。「聽戲要聽梅蘭芳，看球要看李惠堂。」這是三十年代在上海流傳的一句話。在舊中國，他以頑強的拼搏，高超的球藝，贏得了「亞洲球王」稱號。1966年他擔任亞洲足球協會和世界足球協會的副會長，在世界足壇享有很高的威望。1976年在德意志聯邦共和國足球雜誌組織的評選活動中，他被評為世界五名球王之一。據統計，他在足球比賽中，共射進近兩千個球，他和巴西名將里登雷克、德國球星賓德以及球王貝利是迄今世界上進球逾千個的四大巨星。

煙畫連綴在一起的「沙灘麗影」的長卷。這些作品是「醉翁之意不在酒」，是以游泳為題目，大畫泳裝美人，用身著泳衣的美色，來換取廣告效應。

英美煙公司出品的煙畫《游泳》

唯有英美煙公司出品的煙畫《游泳》，是一部出色的力作。它的形式與《足球》相似，很科學地將蛙泳、蝶泳、自由泳的姿勢、技巧，一一分解解說，明白易懂，也是一部輔導教材。在宣傳西方體育文化方面，起到了積極的推動作用。

另外，煙畫中溜冰、跑馬、網球、高爾夫等運動的出現，對豐富我國的體育事業，也起著輿論引導作用。

弘揚民族體育

我國民資煙廠還出品了不少國術類煙畫，為弘揚傳統的民族體育運動傾心盡力，亦多貢獻。

少林拳圖解譜

例如，上海中和煙公司曾出版過一套《少林拳圖解》煙畫，共三十八枚。第一枚繪有著名的少林掌門人、時任蘇省國術館少林拳〔註30〕教官金佳福大師的肖像，後配少林拳譜，從起式到收式，共六六三十六招。每招每式下邊都詳細注解，說明起、承、轉、折，收關達位的運動軌跡，以及何處使氣、何處著力的要旨。它不僅是運動員複習、自修的佳作，也是課徒傳道的一部「石室藏書」。

〔註30〕少林拳：少林拳因發源於中國河南嵩山少林寺而得名，有：「天下工夫出少林，少林工夫甲天下」之美稱，是正宗的中國工夫。在武林中獨樹一幟，久負盛名。其起源的年代可以追溯到北魏年間（公元386～534年），距今已有一千五百多年的歷史，是中國最早最優秀的一項民間體育活動。名曰少林拳、少林武術或稱少林工夫。

上海中和煙公司曾出版過一套《少林拳圖解》煙畫

中國華慶煙公司出品的《脫戰拳》

脫戰拳和蓋臂拳

　　在拳術的系列煙畫中，更有著罕見的瑰寶，那就是老「精武會」拍的拳術照片。這些照片，印行在中國華慶煙公司出品的《脫戰拳》和華商煙公司出版的《蓋臂拳》煙畫當中。或為單版藍色，或為單版赭色。人物清晰，拳姿標準，真切生動，較之繪畫又勝一籌。

　　二十世紀初，我國的傳奇人物，曾經把西洋拳擊大王打倒在地的武術大師霍元甲，在上海組建了精武會。以弘揚國粹，建體強國的口號為號召，挖掘民間武術，繼承民族傳統，辦學傳藝，得到社會各界的支持。在民初多次出現的「愛國自強」、「抵制洋貨」等群眾性的鬥爭中，精武會都積極參與，走在前方。一個時期，該會成了代表愛國正義的象徵。

　　精武會不僅在弘揚民族武術方面貢獻顯著，而且為軍隊、學校輸送了不少幹部和武術人才。精武會全盛之時，設立了攝影部，專門記錄性拍攝各門

各派的武術圖片，為中國傳統武術留下了豐富的文獻資料。這兩種移入商用的拳術照片，就是這段歷史的實證。

《脫戰拳》煙畫的背子上面寫道：「此拳乃少林五戰之一，圖凡四十五張，按圖練習，可使身體健康。圖中有（丌）符號者，為過渡式；有（口）符號者，為定式。每圖均有發展肢體肌肉之可能。」其下，每一幀圖片都附有文字，來說明某一姿勢對某一部分的肌肉有何種意義。如此精細的詮注，在百年前的運動教材中應是很罕見的。

煙畫上的婦女世界

從煙畫在中國出現，至抗日戰爭勝利後的消失，前後六十多年之間，中國社會經歷了從半殖民半封建社會到新民主主義社會的轉變。中國婦女也從千年的桎梏之中解脫出來，走入社會，走嚮明天。香煙畫片上留下了她們輕盈的腳步，留下了她們會心的微笑，也留下了她們在不同時期的服裝裝束、髮型、頭飾，留下了不同時期的音容笑貌、芳姿倩影以及她們的行為軌跡，為近代婦女文化史的研究，提供了不少可圈可點的圖畫。

因為香煙最早是男性的專用品，吸香煙是陽剛之氣的表現。煙商用異性來吸引、壯大消費群體，是廣告慣用的招術。把女性印到煙畫上充當廣告，是煙畫「生而有之」的特點之一。我們從現存的《品海小書》上就可以看到，美國香煙剛一進入中國市場時，煙包中所附贈的煙畫。圖中的西方少女，如此含顰帶笑、神色坦然地來到了東方。彼時梳著長長髮辮的中國人，端詳著這樣的畫片，對她們是訕笑也好，是不屑也好，難道真的無動於衷嗎？

到了十九世紀末，煙畫上的女性出現了國人的形象。今日看來她們的服裝怪怪的，而當年能夠榮登此榜的，卻都是花界中的班頭，芳國中的領袖。

清朝末年，世風侈糜，狎娼嫖妓之風盛行。文人雅士醉生夢死地沉溺其間。自同治中葉，花榜常開。李伯元主筆的《遊戲報》，吳妍人主持的《笑報》，以及維新人物梁啟超辦的《時務報》，分別在 1895、1896、1897 年連續張榜選美，標點花魁。從青樓楚館當中，曾評出林黛玉、陸蘭芬、金小寶、張書玉等名噪一時的「四大金剛」。此時煙畫上的人物，也正是彼時時髦女性的模樣。寬額修眉、團髻齊鬢；折裙長裳、杯履纖足：畫中人物那沉思的目光，不知對變化著的大千世界作何感想。

英美煙公司在 1905 年出品的《清末美女》煙畫

英美煙公司在 1905 年，發行了一大套《三百六十行》煙畫。其中有一枚豎式構圖，繪有一位清代盛妝的婦人半身肖像，這枚就是著名的煙畫《賽金花》〔註31〕。因為它發行得少，就顯得十分珍稀。

其實，這枚煙畫上所繪的婦人並不是賽金花，筆者曾用多幀賽氏的照片與之相較，二者毫無相像之處。她只不過是《三百六十行》中的一個行當——清末妓女而已。這枚煙畫之所以被時人稱為「賽金花」，恰恰說明了在 1905 年之前，凡印到煙畫上的時髦女人，在時人眼中都是青樓娼婦。賽金花就是

〔註31〕賽金花：近人柴萼所著《焚天廬叢錄》卷三《庚辛紀事》中載：「金花故姓傅、名彩雲。（自云姓趙，實則姓曹）。洪殿撰鈞之妾也。隨洪之西洋，豔名噪一時。歸國後仍操醜業。」又云：「瓦德西統帥獲名妓賽金花，嬖之甚，言聽計從，隱為瓦之參謀。」樊樊山著有《彩雲曲》，劉半農著有《賽金花傳》，均涉此事。

這一行人的代表。儘管傳說她在八國聯軍進北京時,有「一言止殺」之功,但還是被潑上了一盆「與瓦德西有染」〔註32〕的髒水。

賽金花小照和她發表在《京報》上的手書　　日本村井兄弟煙草公司發行的煙畫《賽金花》

　　1905 年,中國民族資本的南洋兄弟煙草公司成立之後,到清室遜位的 1911 年之間,社會出現了巨大的變革。中國婦女的面貌也有了顯著的變化。這種變化,同樣也反映在這一階段出版的煙畫之上。

〔註32〕瓦德西:A. von Waidersee(1832~1904),庚子之變時,為八國聯軍總司令。

南洋兄弟煙草公司早期出版的《百美圖》

　　你看，這組南洋兄弟煙草公司早期出版的《百美圖》，畫中女性的衣裝打扮已然大變，領子高了，裙子短了，腰束了，腳放了。不單如此，她們在讀書看報、關心時事；她們走出深閨，登高望遠；她們騎上了自行車郊外遠足；她們登上了會場的舞臺公開講演，發表自己的主張……她們一洗舊日的鉛華脂粉，昂首興奮地步入新生活，滿臉燦爛地笑迎未來。

　　再看清亡之後，這些用人工著色的老照片煙畫，女性的服飾更加簡約大方。額前的劉海齊眉、兩鬢雲髮生香，身著短裳，足下長襪及膝，與清季的女性已有天壤之別。

　　到了二十年代，英美煙公司發行了一大套美女肖像煙畫。這套煙畫之所以斷定為上個世紀二十年代初的作品，因為在近二百位女性肖像中，尚無捲髮燙頭的畫面。電燙機和電吹風是 1921 年德國的發明，1923 年才引入上海，開始在南京路的第一家西洋美髮廳中使用。而 1923 年以後出品的女性煙畫，燙頭之風已席捲滬上了。這套時裝美女煙畫在英美煙公司的文件中，冠名為《中國交際花》。

英美煙公司出品的《中國交際花》煙畫

交際花一詞，辭書中並無明確的解釋。它出現於二十年代紙醉金迷的上海，專指那些經常出入於高級社交場所、周旋於巨商富賈之間、有一定文化素養、又有一定身價的職業性或半職業性的公關女性。有人說她們是舞女，是妓女，其實不然。這是時人對她們過於世俗的褒貶。她們中的一些人並非以侑酒伴舞為所長，也並非以賣身伴宿為職業。她們中間確實不乏才藝雙全、有所作為的女性。若說她們都是勇於衝出樊籬、創造獨立人格的新女性，也不盡然。因為她們有過多成分的「依附性」和數不清的社會緋聞，使得無數冠在「交際花」名下的女人，至今「難洗滿面羞」。這也是處於特殊的時代、特殊的環境下所出現的一種特殊的職業現象。

筆者認為，交際花一詞若用今日的語言解釋的話，應是指「工於社會交際的女性」，或是「善於進行公關酬酢活動」的女性。曹禺先生《日出》中的陳白露，應是其中的一個類型。

　　這組煙畫發行的時間很長，在「紅錫包」、「哈德門」、「大聯珠」香煙中比比皆是。圖畫中，每一位濃妝豔抹的女性，無論是她們的秀髮、她們的修眉、她們的姿態、她們的笑靨，皆是當時社會「時髦」的表現、獨領風氣之先。猶為引人矚目的是，每幀肖像旁都印有金色芳名。這種自願地自我推介，不畏譏笑嘲諷、坦白地面對社會的現象，也應說是女性正走向平權和開明的一種詮釋。正是這些印在煙畫上的姓名，也為瞭解二十年代這一族群的生活，留下不少實證。

英美煙公司出品煙畫上的蘇素梅、林筠香和薛清照小姐的玉照

　　例如：19號蘇素梅小姐，是二十年代上海著名的舞女。她原名榮毓虹，祖籍無錫，父經商，家道殷實，與榮氏家族有親戚關係。民初遷居滬上，在徐家匯女子學堂受到西方藝術影響，酷愛舞蹈，一度瞞著家長進入上海新新舞蹈學校學習，遭到家庭激烈反對。後來，為了跳舞，毅然與家庭決裂，改名許霞君，在大東和辣菲花園等著名的舞廳以舞蹈為業，曾以「名門小姐，翩躚舞池」紅極一時。如上，見滬上君所著的《紅塵舊話》。應該說：許霞君是一位中國最早獻身舞事的新女性。

　　18號薛清照，她是上海聖心女校的學生。喜好中國文學和西洋文學，善於社交。性情豪放，開朗熱情，在校刊上常有自由體新詩發表，坦然情愫，名噪一時，被外界評為著名校花兒。

　　第10號林筠香，她既不是好舞者，也不是校花兒，更不是交際花，而是一位熱衷於體育運動的非職業運動員。林筠香之父林澤之在美國留學，讀工程。歸國後，曾在上海工部局任職。在興建外灘的工程中，不乏他的貢獻。筠香在其父的影響下熱衷新式體育運動，尤善網球。曾就讀於王季魯先生創辦

的上海中國女子體操學校。在當年租界舉行的比賽中，多次戰勝西洋專業運動員，轟動一時。可稱為中國女子體育運動的先驅之一。

德潤煙公司出版的《新女性》
煙畫中的康鳳珠小照

又如德潤煙公司出版的《新女性》煙畫中，有一位小姐名叫康鳳珠。此人也頗有性格。她是以「健跑徵婚」在二十年代名聲大噪。當年，上海《申報》、《新聞報》同時刊有一則《康鳳珠求婚致事》廣告，殊為奇特。筆者全文錄之於下：

「竊鳳珠生自閥閱之家，幼秉椿萱之教，璿閣待字、玉鏡虛懸。願得體魄健全、精神活潑之男子，以與之為偶。茲定於陽曆八月十三日，為長距離賽跑之舉。如能健足跑得第一者，鳳珠願與之結為伉儷。但有三事為約：一、須未有配偶者；二、須為大學校學生；三、須年在二十五歲以下者。鳳珠為父母所鍾愛，得分有奩贈五十萬元。如有素講體育之少年，願來與賽者，請向北海路念（廿）號報名可也。康鳳珠敬啟」。廣告的左上角附有康女士的照片一幀，與此煙畫容貌無兩。

這種自願以巨額妝奩徵招女婿的長跑比賽，不知迷倒了多少滬上少年。比賽時萬人空巷的轟動，以及是哪一位後生獨佔鰲頭、當了康家的乘龍快婿，因筆者手頭缺少資料，不敢妄談。但這位八十年前性情開朗、酷愛體育的少女，她那種矜持的微笑，迄今仍然活靈活現地留在這枚煙畫之上。我們稱她是一位勇於標新立異的新女性，也不為過。

上海華成煙草公司 1925 年出品，燙金膠印煙畫《時代女》

上海華商煙草公司 1925 年出品煙畫《電影明星》

　　此後，煙畫中出現了數不清的女性「公眾人物」，她們多是演藝界的佼佼者。胡蝶、阮玲玉、周璇、王人美、潘雪豔、雪豔琴、金素琴等，她們的風姿倩影，也都從不同的角度反映出那一時期新女性的追求和命運。

　　到了三十年代，中日戰爭期間，煙畫上的婦女形象又變化一新，她們在

關係到民族危亡的歷史關頭，洗去脂粉，抹盡鉛華，與男人們並肩而戰，一起投身到戰爭的烈火中。這一切，在小小的煙畫中也有著突出的表現。我們從上海匯眾、裕華、福昌等煙草公司在抗戰期間所發行的煙畫中，可以看到許多可歌可泣的巾幗英雄。

例如，在淞滬戰役中，冒著槍林彈雨，穿過敵人的封鎖線，向堅守在四行倉庫的抗日戰士獻旗的女青年楊慧敏；可以看到在抗戰第一線不懼犧牲、救治傷員的紅十字女護士；可以看到在敵佔區，勇敢地與日酋拼一死活的女英雄葉如華。小小的煙畫不僅為她們留下英姿倩影，而且還用文字為她們的英雄行為樹碑立傳。

楊慧敏，上海人，提籃橋中學女學生，抗日童子軍。1937 年 10 月 26 日，淞滬會戰已到了最後階段，要地大場失守，統帥部決定全線西撤，命令第 88 師留一個團掩護。師長孫元良手令一營「死守上海最後一塊陣地」。在日軍的包圍下，守衛四行倉庫的中國軍隊孤軍奮戰，誓死不退，堅持戰鬥四天四夜，擊退了敵人在飛機、坦克、大炮掩護下的數十次進攻。當時，各報新聞記者和無數上海民眾聚集在蘇州河南岸，為「八百壯士」吶喊助威。28 日午夜，這位女童子軍把國旗裹在身上，冒著生命危險，衝過火線，呈獻給「八百壯士」。團長謝晉元激動地說：「勇敢的同志，你給我們送來的不僅是一面崇高的國旗，而且是我們中華民族誓死不屈的堅毅精神！」

在裕華煙草股份有限公司出品的煙畫上寫道：「……當夾岸民眾遙望國旗在漫天煙火中冉冉升起，有的脫帽致敬，有的高呼中國萬歲！都感奮得流下淚水來。莊嚴肅穆的氣氛，無形中更加強了每個人抗戰到底的決心。」〔註33〕

葉如華，生卒籍貫待考。上海裕華煙草公司出品的煙畫上，是這樣記述了她的英勇事蹟：

「女游擊隊員葉如華，因懷孕待產不得已潛返故鄉，不幸為日寇所捕。日駐軍隊長山本百般威嚇利誘，用盡酷刑，迫其吐露游擊隊行蹤。葉如華堅貞不屈，遂被軟禁在馬棚裏。後來，她生下一個兒子。山本兇狠地從她懷裏奪了去，把嬰兒投向冰河。冷不防，她在背後怒目直視，拼死猛撲過來。山本立足未穩，也被推入冰河。這時，山本的兩個衛兵慌忙開槍，我們的女英雄應聲倒臥血泊中含笑而逝。」

〔註33〕見 2005 年 6 月 4 日《南方都市報》載《抗日老兵：四百多官兵死守上海四行倉庫》。

　　她們是千百萬投身抗日戰爭中女性的縮影。

　　檢點有關婦女題材的煙畫，可以清晰地看到，不同時期的出版物，反映著不同時期的婦女形象。連貫在一起，反映出在半個世紀中，中國婦女的覺醒與進步。本人知之有限，實難盡述煙畫上面所有女士們的身世和作為。假如有大手筆，依照圖上的芳名，一一細考小史，定將是一部生動有趣的社會學研究佳作。

文物精華

　　煙畫，即使在全盛時期，也是為一般人士所不屑的「小玩意兒」、「小紙片兒」。但就是這些「小玩意兒」、「小紙片兒」，卻偏偏去關注「國寶」，護持「菁華」。

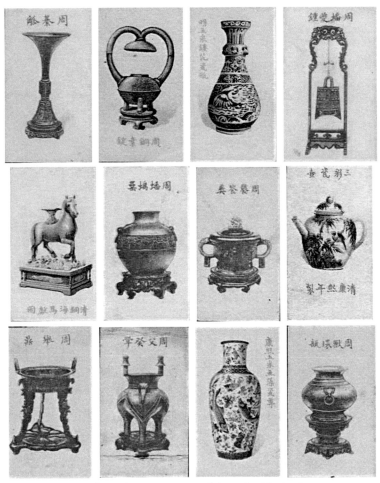

頤中煙草公司出品的《中國名器》煙畫

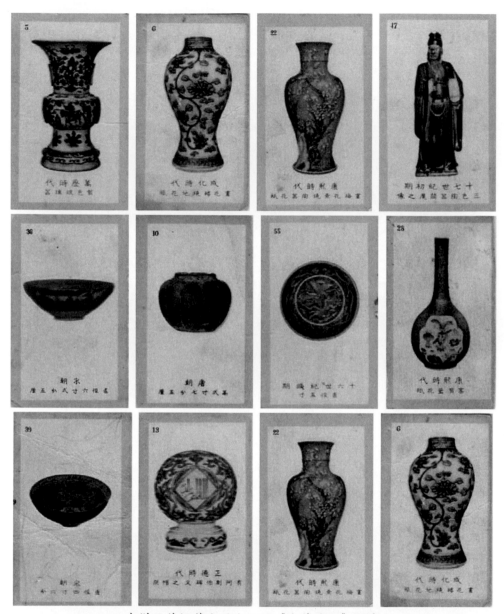

南洋兄弟煙草公司出品的《古董珍玩》煙畫

　　自從鹿鍾麟戎裝「逼宮」，迫使「末代皇帝」溥儀於 1924 年 11 月遷出故宮之後，國民政府成立了善後委員會，並在紫禁城設立「故宮陳列所」。

　　一年後，專家們擇取了部分珍寶文物對外公開展示。這是第一次向國民公開皇室秘藏，轟動全國。這批珍貴的歷史文物中，有周代的青銅器「蟠虺鋪」、「綦觚」、「饕餮尊」、「叔孫壺」、「蟠螭罍」、「獸環瓿」、「蟠夔鍾」「父

丁盉」、「父癸斝」等；有明代瓷器「五彩鏤花瓶」、「三彩東方瓶」、「建瓷達摩像」、「花耳拱菊瓶」等；還有無數清代名瓷，如「康熙五彩魚藻瓶」、「康熙鬥彩瓷盆」、「乾隆仿古月軒」、「乾隆開光彩畫瓷瓶」等等，檔次之高，無以復加。頤中煙草公司抓住了這一信息，徵得「故宮陳列所」的同意，出版了《中國名器》煙畫一套，作為「山東」牌香煙的贈品，深受文化界人士的賞識。

我國民資企業也不甘落後，上海華成煙公司出版了百枚大套煙畫《古董珍玩》，是一組彩色照相版的作品。其中有唐代的「瓷罐」、宋代的「瓷碗」、「瓷枕」、成化的「瓷瓶」、康熙的「瓷盤」等等，印得古色古香，精細耐看。同樣，這類作品的出現，也使煙畫文化步入了大雅之堂。

迷信與黃色煙畫

為了爭取顧客，各公司可謂窮其所思，絞盡了腦汁，上天入地，尋求各種題目。有一些公司的招數不高，印製了一些「陰曹地府」、「牛鬼蛇神」、「奇門遁甲」、「裸女脫娃」。這類東西剛一出世，就遭到社會輿論的強烈抨擊。

如 1935 年，上海大東南煙草公司發行了一套《十八層地獄》的煙畫，是附贈於該廠出品的「白蘭地」牌香煙之內。畫片的內容是根據清人《玉曆寶鈔勸世文》〔註34〕改編繪製的，把豐都地藏王麾下的土地、城隍、賞善司、罰惡司、黑無常、白無常、判官、鬼王、牛頭、馬面以及地獄中的十殿閻君一一造像。還把冤魂厲鬼在十八層地獄被削鼻、割舌、抽筋、剝皮、下油鍋……種種酷刑，也都畫到煙畫上面。血淋淋，恐怖非常。面世之後，輿論大嘩。出版者言其初衷是一片慈心，在傳播「諸惡莫作、眾養奉行」、「種瓜得瓜、種豆得豆」的福音。

彼時，山東省濟寧縣教育局具文，鄭重地向民國教育部投訴了上海大東南煙草公司。舉其公司出品的《十八般地獄》煙畫是散佈迷信，有悖新生活運動精神，要求「嚴行禁止，以免影響社會教育」。南京檔案館存教育部部長蔣夢麟簽署的《國民政府教育部咨文第 1053 號》稱：

〔註34〕《玉曆寶鈔勸世文》：著者無考，是清代流行的一部勸世書，內含《玉曆記》、《太上感應篇》等。

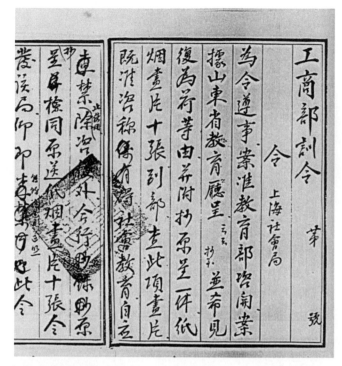

南京檔案館存教育部部長蔣夢麟簽署的《國民政府教育部
咨文第 1053 號》

「案據山東省教育廳呈，以據濟寧縣教育局呈送，上海大東南煙草公司
所製之白蘭地捲煙包內，裝有種種迷信畫片，有礙社會教育，據情傳呈，鑒
核查禁等情，並附畫片十張到部。係迎合愚民迷信心理，變本加厲，自應嚴
行禁止，以免影響社會教育。唯事屬貴部主管範圍，除指令外，相應抄送原
呈，速同原伸諮請查核辦理。至希見復為荷。此諮工商部」〔註35〕。

　　最終，由政府工商部下達命令給大東南煙草公司，命其立即停止這套煙
畫的製作，對已印出的煙畫予以銷毀，徹底禁止了這套煙畫的發行。

　　至於香煙畫片中是否曾有春宮〔註36〕之類的黃色畫片出現過，有人說有，
有人說無。煙畫收藏家劉允祿先生曾說過，他收藏過不少春宮煙畫，在「文
革」時均已焚毀。

〔註35〕見 1935 年國民政府《財政月報》。
〔註36〕春宮，原係太子所居之宮的稱謂。《漢書‧藝文志》有《春宮秘戲圖》條，謂
　　　　畫中俱是男女交合仰伏之態。從此，「春宮」二字就成了淫穢畫的統稱。我國
　　　　首部彩色木刻套版畫，名曰《風流絕暢圖》。作為稀世珍品藏於日本，對日本
　　　　的豔品浮世繪，曾產生過巨大影響。

大東南煙草公司出品的《十八般地獄》煙畫

　　在東方，雖說春宮秘戲之圖出現得很早，《漢書・藝文志》便有記載，但它一直是屬於上層社會統治階級的享樂，也一度為官場行賄時，夾裹禮單、銀票之屬的物品〔註37〕，並非民間之物。即使到了木版年畫盛行的清季，出

<hr />

〔註37〕中外考古發現的史前文化，岩畫、壁畫中，關於性行為的描繪層出不窮。進
　　　　入封建社會後，春畫的創作也從未間歇，而是秘密進行的。民間畫師、畫匠；
　　　　書坊、畫坊；鄉間的木版年畫、木版書影，亦在繪製印行。或專冊繡像，或
　　　　為春捲兒、春冊，或為後門畫、箱底畫、床公、床母廣泛傳播。歷朝歷代宮
　　　　闈巨室乃至市井民間流傳的春宮畫，除了供統治階級褻玩享樂之外，從民俗
　　　　學角度來分析，存在著豐富的文化內涵。
　　　　首先，它是性教育的一種方式。女孩出嫁、諸事不知，由母、嫂授以圖冊，
　　　　壓在嫁妝的箱底之下，囑其讀之，以啟情竇。另外，時人都相信：「男女和合，
　　　　多子多孫，平安啟福，諸事順利。」家有春宮一冊，是件大吉大利之物。繪
　　　　製精良的春捲、春冊，在官場中，向來視為是行賄的禮單。比如說，二人交
　　　　惡，一方妥協欲和好，則向另一方呈送春宮一冊，內夾銀票若干。受方一看
　　　　便知其意，納之，則如夫婦和好如初；拒之，則如夫妻反目，交惡離異，難
　　　　以再續舊情了。

現的「後門畫」、「箱底畫」和「避火圖」〔註38〕，也只是用來避邪、防火，只限於秘密流傳，不得公開張揚和售賣。彼時民風淳樸，視野封閉，假如出現了春宮畫公開的事情，則會觸動公憤，一致反對的。

　　有案可查的是，裸體煙畫剛一進入日本，就遭到日本政府的抵制，並勒令發行這組煙畫的村井兄弟商會社登報表態，向國人致歉。明治三十一年六月十五日、十六日的《朝日新聞》，連續兩次刊登了《禁除美術裸體畫》的廣告〔註39〕。作為大眾性的商品香煙中，若公開印行「春宮秘戲」之類的煙畫，我想，無一煙廠敢冒此天下之大不韙。

　　當然，在煙畫上「打擦邊球」的，還是大有人在，似黃、近黃的煙畫層出不窮。如英美煙公司出品的《西遊記》中的「蜘蛛精」；福昌煙公司出品的《白蛇傳》中的「蚌精」；華成煙廠出品的《浴女》等，均已險遭禁絕。所以，筆者一直認為，公開發行「春宮煙畫」是子虛烏有的事情。

英美煙公司出品的《西遊記》中的「蜘蛛精」和福昌煙公司出品的《白蛇傳》中的「蚌精」煙畫

〔註38〕避火圖：舊社會，商家更離不開此物。家家的櫃檯、賬房、棧庫的秘密處，都要放置春宮畫冊，稱為「避火」之用。這也就是春宮畫又稱「避火圖」的來由。春宮畫兒可以防避火災，此說最早似源自日本。日本民俗學者在詮釋艷品浮世繪時，就有此解。後漸為國人接受。近人喻血輪在《綺情樓雜記》中稱，火神是位閨閣淑女，有婢女三十六人。因故被玉帝降為灶下婢，掌管火事。平時著黃衣，怒時著紅衣，說明火災已至矣。此婢所過之處，一切燒得乾乾淨淨。火神即是淑女，自然視男女房事最為齷齪，但有所覺，就避到遠遠的地方去。因此，春畫就起到了避除火災的作用。商家，最怕的是著火，都要購買「避火圖」，禳災避禍。連民初大藏書家葉德輝，在所藏珍本圖書中，冊冊都要夾入一張春宮，以避火災。

〔註39〕見日本煙與鹽博物館編《香煙畫片》一書序文；平成九年（1997）出品。

2002 年春天，筆者在上海老城隍廟舊貨市場上，與一諳熟煙事掌故的古董商聊到此事時，他說：在日偽時期，社會混亂，有些小的捲煙作坊為了售賣他們的劣質煙，曾這樣幹過。他們是把一些小張的黑白或赭色的春宮照片充當煙畫，藏於煙包之內。紙煙小販們都明白底細，在路邊專向單獨行走的男人兜售，俗稱「光棍煙」，也叫「白杆煙」，因為這種煙沒有商標、更沒有牌號，全是人工捲製的旱煙。價格便宜，夾藏春宮畫片，為的是招人購買，原本是件苟且之為，見了警察就跑之大吉，成不了什麼氣候。筆者所以贅述言此，是因為它也是煙文化中的一個方面。抗戰勝利之後，市面日漸有序，這些行徑便全都消失了。

無品牌的白包煙裏附藏的白背子春宮煙畫

綜上所述，盛極一時的煙畫，內容浩瀚、林林總總。方寸之間，風光無限，把個大千世界，記述得淋漓盡致。為二三十年代的市井生活增添了一抹華光。儘管這些「雕蟲小技」如「燭光螢火」，但在時代的長河之中，依然留下了不可磨滅的文化風采。在煙畫世界裏，可以說任何一種題材，都包含著豐富的文化內涵；任何一枚圖片，都包藏著豐富的知識和故事。

比如說，煙畫中的「珍禽異獸」，在中國只有一個由「三貝勒花園」改造成動物園的時代，給時人帶來了多少驚訝？煙畫上的「奇花異卉」，在北京只有一個中央公園「暖洞子」（梁思成先生的「唐花塢」前身）的時代，給人們帶來多少溫馨！

煙畫中的風景名勝，其中有多少在歲月的磨礪中，已消失殆盡，就像西湖的雷峰塔、達縣的鱉稅橋……又比如說，民間文藝中的三棒鼓、打連相……行業中的小爐匠、紮活匠……也已不見蹤影。唯在小小的煙畫上，還清晰地留下了它們的蹤影，成了百年前的時空定格。這也喚起人們對這一被淡忘了的角落，進行挖掘研究的濃厚興趣。

第九章　煙畫的政治宣傳功能

　　煙畫在和平時期是以文化的形式為商事服務，而在政治的非常時期和戰爭時期，煙畫也會自覺不自覺地參與其間，小小的身軀和「春柳飛絮」般的數量，影響到各個角落。

　　在第一次世界大戰和第二世界大戰期間，歐洲、美洲，所發行的煙畫上，充斥著飛機、大炮、各式各樣的新式武器。隨著戰事的進展，煙畫也傳播著重大的勝負的消息。

一組西洋飛機、大炮和新式武器的煙畫

　　這一特徵，更突出地表現在日本的煙畫當中。1994年，日本海軍戰勝中國海軍，贏得了日本之戰的勝利。日本舉國沸騰、徹夜狂歡。高井商會印製了慶祝《鴨綠江海戰大捷》的煙畫，參與到尚武主義的政治宣傳之中。

高井商會出品《鴨綠江海戰大捷》的煙畫

　　隨後，村井兄弟商會社將「軍政偉人」伊藤博文、山本、桂太郎、山口、山澤等人的肖像都印上了煙畫，廣為發放。在軍國主義的政治推動下，軍事煙畫貫穿於始終。直至入侵朝鮮、入侵中國、入侵東南亞，配合戰事、鼓舞士兵士氣的煙畫更是層出不窮。甚至、號召購賣國債、增加貯蓄、鼓勵支前、童子參軍的宣傳，也都出現於煙畫之間，形成了一條獨特的風景線。

1901年域外煙草公司出品的有關義和團事件時清代皇帝和議和大臣肖像的煙畫。

義和團在恭王府設壇的煙畫。從另一角度看，也是一段真切的歷史記錄。

愛國言志

　　中國煙畫的出現，恰處在中國政治、經濟大變革的非常時期。激烈的社會動盪，必然使這小小的煙畫也烙上時代的政治生活的印記。社會發生的重大事件，社會因襲下來的倫理道德，域外世界傳入的種種時髦，乃至宗教、政黨都會介入這一大眾化的傳媒之上，用以宣傳自己的政治觀點和理念。

　　例如，我國自產的第一枚煙畫，1904 年上海中國紙煙公司出品的《曾少卿〔註1〕肖像》煙畫的背子上，就印有這樣一首詩：

　　　　奇憤忽從商界起，一柱竟作中流砥；

　　　　四萬萬人同一心，熱誠相感有如此。

　　　　爭約願為天下犧，萬古千秋深仰止。

　　　　吁嗟乎！

　　　　國家有人盡如公，轉弱為強從此始！〔註2〕

〔註 1〕曾少卿是清末愛國閩人。在二十世紀初著名的反美虐待華工的「馬開夏」事件中，高擎抗暴旗幟，深為世人矚目。1904 年，上書盛宣懷，創辦了中國第一家民資捲煙公司──中國紙煙公司。

〔註 2〕此詩引自金受申《談洋煙畫》，刊於四十年代《立言畫刊》《北京通》專欄。文中談到此枚煙畫為淡赭色單色印刷，因顏色太淺，故未能照像製版，十分遺憾。

1904 年上海中國紙煙公司出品的《曾少卿肖像》煙畫的背子

一讀，便知是位愛國的晚清志士所寫的「言志詩」。詩中講的是，進口捲煙的盛行，使得白銀外流，上海商界聯名上書盛宣懷，要自辦煙廠，「以塞漏卮」。曾先生身體力行，實業救國，創辦煙廠，實業救國。此時的煙畫已擔起了「號召愛國，抵制洋貨」的政治宣傳任務。

1905 年，民族資本的南洋兄弟煙草公司成立，倡導愛國，是該公司宣傳宗旨的一面大旗。該公司所印製的一切宣傳品上，均號召國人吸用國產煙。廣告畫、月份牌、煙卡、煙畫都印有「抵制外煙，明理愛國」的宣傳文字。在該廠「愛國牌」香煙包中的煙畫，背子赫然印道：

「同胞注意：君用一份國貨即為國家挽回一份外溢之利權。明乎此者，請吸南洋公司各種國貨香煙」。且反覆提醒國人：「愛國之志趣，有如逆水行舟；不進則退。願同胞深味此言。」

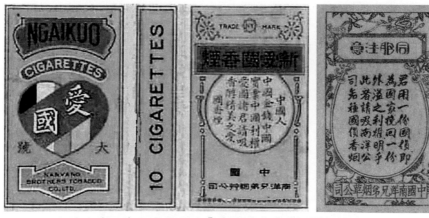

南洋兄弟煙草公司出品的「愛國牌」香煙煙標和煙畫背子

莫忘國恥

民國初年，市井出現了這樣一套大張的《國恥畫》煙畫。二十枚一套，從「鴉片戰爭」、「攻打虎門」、「陷我吳淞」、到「南京條約」、「割讓港九」，接著「法占安南」、「英奪緬甸」、「日據朝鮮」，到「甲午海戰」、「馬關條約」。接著「聯軍入侵」、「帝后出逃」、「北京媾和」，直到「五卅慘案」、「沙基慘案」、「濟南慘案」……，中華民族在列強的淫威之下，飽受欺凌摧殘。小煙畫以無聲的筆墨喚醒民眾，勿忘國恥。

此風一直延續到日本侵華，「九一八」事變、「七七」事變、「一二八」戰事、「南京大屠殺」慘案……，也無一遺漏地記入到煙畫之上。為喚起「睡獅」的覺醒，激發國人團結戰鬥的精神，起到了鳴鐘示警的作用。

一組民國初年出現的《勿忘國恥》「國恥圖」煙畫

抗日煙畫

政治宣傳

　　1925 年，孫中山先生不幸逝世。為人們留下了「余致力革命四十年、尚未成功，同志仍須努力」的遺囑。國民政府號召國民日日誦讀莫忘。許多煙廠一改商業宣傳，印行了無數《中山先生肖像》招貼、月份牌和煙畫，以誌紀念。直到三十年代，煙畫背子印《總理遺囑》，都是不可缺少的主題。

1925 年冬季各煙廠競相出品的《中山先生遺囑》

正面印著紅粉佳人、而背子印「三民主義語錄」的煙畫

　　新文化運動期間，在政府的要求下，用煙畫背子印製《中國國民黨黨義》，進行政治宣傳，也貫徹了相當一個時期。〔註3〕今南京檔案館存有《中國國民黨中央執行委員會宣傳委員會公函第1243號》，其中寫道：「據建甌縣黨務指導委員會呈稱，呈為呈請事，查近來本國製造紙煙公司每煙包內配裝花（畫）片，背面刊載有小說一段，類多迷信荒淫邪說，殊為妨礙本黨主義之宣傳，破壞心理建設，為訓政革命工作進行阻礙，亟應速圖改良。當經本會第一百次會議決定呈請，轉呈中央令飭煙商將此項花（畫）片背面改刊黨義文字，以廣宣傳在案。理合具文呈請鈞會察核，俯賜轉呈。如肯施行，實為黨便等情到部。查煙包花（畫）片，流傳甚廣，歷來所載，類多不經。如能改載黨義以及其他有關科學之文字，自可開尋民智，轉移惡習，該會所陳頗有見地，理合肯鈞會察核辦理首，乞示遵以便飭知等情。據此相應並請貴部查核見復。如以為可行，再由本會編就簡明詞句選請飭行。此致實業部」。

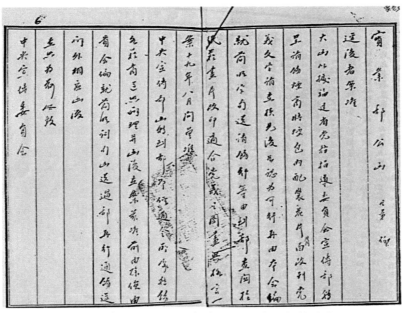

國民政府實業部關於煙畫背子改印總理語錄的公函

　　在政府實業部的推行之下，便出現了，正面印著紅粉佳人、秋波送情，而背子卻印「三民主義語錄」的怪現象。非但效果不佳，往往會張冠李戴、貽笑大方。如圖所示，這種表裏不一、文實不符的現象，只貫徹了很短的一個時間，自覺不如人意，也就不了了之了。

─────────────

〔註 3〕見南京檔案館存《中國國民黨中央執行委員會宣傳委員會公函第1243號》。

義舉賑災

舊中國天災人禍、連年不斷。軍閥混戰、兵燹不絕。更有天災為禍，使勞苦百姓處於水深火熱之中。1923 年的山東大旱，赤野千里、顆粒無收；1924年廣西的蝗災，飛蝗過處，一片枯槁。民國二十年（1931），夏秋之交，全國大部分地區淫雨不絕，江、淮、漢、運、黃諸水道，遭受到百年未遇之大水災。沿江之鄂、蘇、皖、湘、浙、贛，以及黃河下游之豫、魯等省，罹難尤烈。合計全國水患波及者，達到二十三個省，災民一億。被洪水吞沒的人口達三百七十餘萬人。廣大城鄉，廬舍蕩然，民食恐慌，癘疫叢生，交通斷絕，商務蕭條，全國陷入嚴重的經濟危機之中〔註4〕

上海中國天華煙廠出品《流民圖》煙畫

當時國民政府的財政顧問阿瑟‧恩‧楊格說，此次災荒「不僅超過中國苦難歷史中任何一次水災，而且也是世界歷史中創紀錄的大災」。「受災地域比英國全境還大，約相等於紐約、康涅猶克、新澤西三個州合起來的面積」。「堤岸潰決的時候，成千上萬的人慘遭沒頂，幾百萬人不得不在嚴冬的大部分時間內輾轉流離。淹沒地區平均水深最高達九英尺；這些地區內的農舍有百分之四十五被沖毀」。〔註5〕

一時間，各大城鎮，災民魚貫，啼饑號寒，慘不忍睹。在政府的號召下，舉國掀起了救濟災民的捐助活動。在工商企業中，煙草業所做的貢獻十分突出。民族煙草企業如南洋、華成等大公司，均於每箱煙捐助四至六元不等。一些小的煙廠，同樣慷慨輸難，共度時艱。

這一時期，煙畫也起到了振臂疾呼的作用。上海中國天華煙廠，出品了

〔註4〕見李文海等著《近代中國災荒紀年續編》《中國災荒史》（近代編）引《金陵學報》二卷一期《中華民國二十年水災區域之經濟調查》。
〔註5〕（見楊格著《1927 至 1937 年中國財政經濟情況》）。

一組《流民圖》煙畫，作為「金盾牌」香煙的贈品。畫中真實地描繪了災民流離失所，飢寒交迫的苦難生活。就繪畫而言，雖不及蔣兆和先生的《流民圖》宏偉深刻，但在方寸之間，寫盡人間淒苦，使人不忍瘁讀。

奮勇抗日

到了抗日戰爭期間，小小的煙畫與所有傳媒一樣，奮勇地投身到抗戰之中，起到了「號外」與「傳單」的作用。

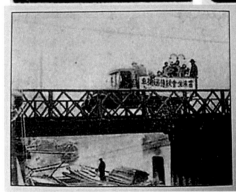

上海福昌、裕華等煙公司印行的《九、一八日軍侵華紀實》煙畫

　　1931 年，日軍攻佔了我國東北三省，舉國一片震驚。上海福昌煙公司及時地印行了《九、一八日軍侵華紀實》煙畫。用現場攝影寫實的照片，無情地揭露了日寇的侵略。全套煙畫為大張墨綠色，拍照了「日軍戎裝進城」、「武裝繳械了守軍槍支」、「佔領了守軍司令部」、「武裝設卡、禁止百姓通行」等一系列罪惡行徑。面市之後，婦孺傳看，無不涕零。從關外流亡的學生，血淚聲討日寇占我土地、辱我同胞的種種劣行，使得群情激憤，抗敵之聲，怒吼如潮。

　　次年，淞滬戰爭爆發，上海諸多煙廠不畏強敵壓境，與《申報》攝影部、戰地新聞社等單位合作，出版了無數戰地攝影煙畫，將日軍傷我兒童、戮我同胞的種種慘無人道的罪行，一一紀錄在案。迄今在煙畫中，均可以找到日寇在侵華期間的無數罪證。

印有日軍傷我兒童、戮我同胞慘無人道的罪行的煙畫

　　另一方面，煙畫也紀錄了我國軍民在漫長的八年歲月中，與敵人進行著不屈不撓、艱苦卓絕的戰鬥史。「馬占山浴血殺敵」、「蔡廷楷火線誓師」、「十九路軍威震敵膽」、「臺兒莊會戰告捷」，每一幅圖畫，都是一幀振奮人心的興奮劑；每一張煙畫，都變成了投向敵軍的炸彈。此時的煙畫不僅富於戰鬥力，而且如同一包包火藥，富於巨大的殺傷力。

　　筆者在數年前讀過的一本小說中，有這樣一段故事。言及 1938 年，日本兵佔領山東濟南府的時候，在西徑路小緯二路的一間貨棧中，搶奪了一批國產香煙。是晚，在軍部舉辦的慶功宴會時，他們把這批香煙當成戰利品，分發給參加宴會的各級軍曹們吸用。結果，一打開煙包，其中的煙畫竟是「十九路軍大刀片兒，專砍日本鬼子頭」的照片。直氣得司令官火冒三丈，暴跳如雷，用腳踢翻了剛剛擺上桌的盛宴。

一組上海諸煙草公司在抗戰期間出品的各類抗日煙畫

　　1945 年 8 月，在世界反法西斯陣線的強大攻勢下，日本帝國主義無條件投降。上海匯眾、裕華兩個煙廠出品了《抗戰勝利紀念》和《抗戰八年勝利畫史》兩套大型煙畫。分別為 80 枚和 120 枚。前圖後文，全面、系統地闡述了抗戰八年的歷史史實〔註6〕。從「盧溝事變」、「佟趙殉國」、「淞滬戰爭」、「四行孤軍」:「南京慘案」，到「平型戰捷」，「臺莊會戰」，「遠征緬甸」、「全線反

─────────────

〔註 6〕1946 年上海裕華煙草公司在推出友啤、紅士、高樂牌香煙的廣告時，大力宣傳附贈的抗日煙畫時寫到：「國人不能不知，抗戰八年大事：欲知抗戰大事，請看抗戰畫片。」

攻」。最後「日本投降」、「收受降書」。八年間，全民浴血抗敵，事無鉅細，盡錄其中。集作長卷，獨具史詩般的魅力。

筆者所藏抗日煙畫不多，僅有 360 餘枚，但已算是集腋成裘了。2003 年 7 月份美國紐約《世界日報》，加拿大《太陽報》均以顯著地版面報導了筆者在這方面的收藏，引起了海外僑民和學界的關注。加拿大「抗戰歷史研究會」亦多次面洽，共同合作展出。

上述例子說明，在關鍵時刻，煙畫便成為政治宣傳的有力工具。當然，這一功能往往還會被不同幫派和政黨所利用。如蔣、馮、閻戰爭時期，閻錫山把持的晉記煙廠就出版過，即反蔣、又反共的煙畫，成了右翼集團中頗有代表性的宣傳品。

山西晉華煙廠出品的《反蔣反共》煙畫

如圖所示他們把蔣介石畫成被捆綁著、跪在人們的棍棒之下，被人們任意捶打辱罵。文字標題上寫著「打倒赤魔的總後臺蔣介石」。另一幅則是「一人反共、全家安寧」，「富的變窮、窮的更窮，共產就是共窮」，種種觀點，不一而足，視角獨特，態度極端。

小小的煙畫何以具有如此鮮明的政治色彩呢？噢，原來山西晉記煙廠是閻錫山部隊用軍款支持的煙草企業，以軍資民辦的形式進行生產經營。閻錫山的部隊在經濟上，亦依賴於該廠的利潤來維繫。簡單地說，該廠就是閻氏家族的大內銀庫。在蔣、馮、閻對立期間，煙廠內的主管都是閻錫山手下的幹部。既罵蔣介石，又罵共產黨，生動地勾畫出這位將軍「概不論」的政治態度。

總之，這組煙畫，是以獨特的角度，以獨特的形式，記述了一種獨特的政治狀況。由此也可以看到，這類煙畫所具有的獨特價值。

第十章　繪製煙畫的畫家們

　　煙畫，一向被人們看作是一種商人投機的「伎倆之作」，也是一種哄小兒的「兒童玩物」。它的形式，俗不可耐；它的內容，良莠不齊；是一種不登大雅之堂的「俗物」。它們的繪製者，應該都不屬於「有作為的畫家」行列；這些「雕蟲小技」，實在難與名家大師為伍。所以，這些作品多無署名落款，更無時日可考。要搞清楚，那些煙畫是何人繪製，著實有些難度。

署名的畫家

　　在筆者的全部收藏中，對繪製者有確切證明的，簡直是鳳毛麟角。在畫面上留有名字的，只有利興煙公司出品的《京劇折子戲》上，有「李菊儕作」的手寫題款；在英美煙公司出品的單色鋼筆畫《中國名勝》煙畫上，有 M. J. ROMASSEN 的簽名；另外，在中國華東煙公司和南洋兄弟煙公司出品的《三國演義》、《岳飛傳》和《水滸傳》煙畫上，有刻有「丹旭」二字的印章；在《水滸傳人物繡像》煙畫中，有「雲先」的陽文名章；另一枚留有全名的畫家，是在中國福新煙公司出品的《健美畫片》的背面，印有「著作者：李夢痕；繪圖者：陸士鏡」的姓名。除此之外，其他煙畫作者的名字，就只有靠推理判斷或間接論證了。

　　這些留有姓名可考的畫家們，是何許人呢？

周慕橋

　　（1868～1922），署名慕喬、慕僑、周權。江蘇蘇州人氏，長期居住上海。

相傳他係吳友如弟子，早期為《點石齋畫報》和《飛影閣畫報》的主力畫手。
1893 年，曾接辦《飛影閣畫報》。周慕橋擅長傳統的工筆畫法，盛年受西方繪
畫影響，精心研究出擦筆水彩畫法，儕身商業美術之後，享譽一時。在月份
牌廣告畫中獨樹一幟，深受時人喜愛。英美煙公司和南洋兄弟煙草公司，均
以重金爭相購買畫稿，印製成掛曆月份牌來宣傳自家產品。周慕橋本人不繪
畫煙畫，而他名下的學生無數，培養出如丁雲先等一些繪製煙畫的畫手。

周柏生小照及其所繪的煙畫《時美圖》

周柏生

（1887～1955），又名周桐，江蘇常州人，定居上海。擅長工筆古裝人物
畫。曾為《時報》繪製黑白廣告。1917 年，應聘南洋煙草公司廣告部，為該
公司繪製月份牌和煙畫。1927 年退出廣告部，創辦「柏生繪畫學院」，獨立招
收學員，教授繪畫基礎知識和擦筆水彩畫技巧，培養商業繪畫人才。杭穉英、
何逸梅、金梅生、金雪塵、戈湘嵐等人都是他的學生。這些學生後來都成為
月份牌畫和煙畫的後起之秀。

李菊儕

（187？～不詳），又名李蔭林，自號聽秋吟館主人，筆名幽夢生等。盛
年主要活動在北京。是清末民初著名的「新派仕女畫」畫家。晚清時期，石印
畫報異常盛行。他在光緒、宣統年間，他就參與或主編了《開通畫報》、《北京
醒世畫報》、《菊儕畫報》、《菊儕繪畫女報》、《燕都時事畫報》等，極受民眾歡

迎的期刊報紙的主要畫手。他又善製燈迷，創辦「菊社」，是當時北京迷壇兩大支柱之一。民初移居上海，任《黃鐘日報》美編。繪有《石頭記繡像插圖》一百二十幅，專集出版〔註1〕。他善於用線條刻畫人物，技法、構圖均依傳統畫法，他是最早投入商業美術的先驅之一。李菊儕愛聽京劇，對戲曲和前後臺的諸般事務諳熟於心。一九二六年泰東書局出版的多種《戲本》的插圖均出其手。在激烈的煙草大戰期間，他屢應香煙公司之邀，繪製了許多「京劇煙畫」，七彩印刷，風行一時。

李菊儕所繪京劇煙畫《黑風帕》、《坐宮》

陳丹旭

（1898～1973），筆名簡作丹旭。上海人，精於線描繪事，是中國連環圖畫創始人之一。〔註2〕1927年，上海世界書局首次推出五部中開本的「小人書」，名為「連環圖畫」。其中，《水滸傳》、《說岳》等三部，均為丹旭所繪。自此名聲大噪。其年二十餘歲，正置盛年，畫風潑辣神速，一日數幀，是一位高產的畫家。因之，得到各大煙草公司的重視。他們以重金購置陳氏的畫稿，編印成七彩煙畫，極受市場歡迎。訂單不斷，畫稿供不應求。於是，丹旭開設畫室，組織弟子多人，在其指導下設計、起稿、繪圖、著色，形成流水操作。定稿後，統一印蓋「丹旭之印」或「陳丹旭印」，交付廠家，製版印行。他為南洋、華東等煙草公司和江南製造廠繪製的《三國》、《水滸》、《說岳全傳》等煙畫，皆是前圖後文，成本大套的作品。〔註3〕每套作品多達數百幀，連排序號，形成了

〔註1〕李氏留下的繪畫作品不多。唯在年中國書店秋季拍賣會上，展出有民初黃鐘日報編印的線裝本《石頭記繡像全圖》一部。

〔註2〕參見上海電影出版社編印的《老連環畫》一書。

〔註3〕見臺灣漢聲雜誌社出版，張燕風著《月份牌廣告畫》。

「連環煙畫」之勢，為煙畫收藏熱憑添炙火，更為煙廠贏得了巨額利潤。

陳丹旭為南洋、華東等煙草公司繪製的大套連環煙畫《三國》和《水滸》

丁雲先

（1881～1946），又名丁鵬，浙江紹興人，中國近代廣告畫家。他曾在薛暮橋的指導下，學過國畫、仕女畫，並跟隨一位在商務印書館工作的日本畫師學習西洋水彩畫。創辦「維妙軒」畫室，是一位多產的月份牌廣告畫家。

丁雲先擅畫古裝人物，他曾為許多煙草繪製月份牌和煙畫。其中，具有代表性的煙畫作品有《八仙》、《七十二賢人》、《水滸一百零八將》等。據說他繪畫神速，落筆快捷，不論篇幅大小，時常一揮而就。丁雲先為人瀟灑，不重金錢，為人畫畫，隨手相贈，不取分文，自號「白弄先生」。〔註4〕

丁雲先小照及其所繪煙畫《水滸一百零八將》

〔註4〕見鄭逸梅著《鄭逸梅文集》，其有一則雅諧，稱丁雲先繪事出手極快，常一揮而就。是因為其妻性情暴虐，稍有不快，即將他的作品信手碎之。丁氏叫苦不迭。於是奮筆再畫。如此一來，丁氏越畫越快。

陸士鏡

生卒待考，上海人，擅長西洋水彩畫，尤專人體繪畫。曾與李慕痕共同創辦上海中國健美研究會，在研究、講授人體繪畫之餘，亦承繪廣告業務。其廣告作品概由該研究會對外發行。

陸士鏡繪裸女煙畫，背子有其署名

M. J. ROMASSEN

生卒待考，外籍畫家。二十年代，曾為英美煙公司廣告部聘任畫師。精於速描和風景寫生，恰置上海外灘建設成型，風情各異的建築，對其創作激情給予了莫大鼓舞，創作了無數描繪我國風景的作品，用於煙畫和月份牌中。其繪畫風格和技法，對我國近代繪畫有著一定影響。

M. J. ROMASSEN 繪製的鋼筆畫煙畫

張光宇

江蘇無錫人。生於 1900 年，歿於 1965 年。自幼酷愛美術，曾隨祖母學習繪畫與剪紙。14 歲到上海張聿光學畫布景。1918 年即在滬《世界畫報》上發表鋼筆畫。20 歲開設小型美術印刷廠。1921 年，應聘任南洋兄弟煙草公司廣告部繪畫員。1925 年起，他又在英美煙公司廣告部任職七年，在此時期，創作繪製了許多煙畫和月份牌廣告畫。煙畫《短篇故事》是其代表作。四十年代移居香港，1948 年任香港人間畫會會長，創作發表了《水滸人物志》插圖等許多作品。

張光宇小照和他繪製的煙畫《短篇故事》

未署名的畫家群

除以上這幾位署有姓名的畫家以外，當年，參與煙畫繪製工作的畫家無計其數。從有關文獻的記述和與現存煙畫作品的對照研究、印證中，可以明顯地辨識出，煙畫中有吳友如〔註5〕、金蟾香〔註6〕、符艮心〔註7〕、

〔註5〕吳友如（？～1893）清末著名民俗畫家，功線描人物，曾為蘇州桃花塢雲藍閣繪有大量年畫粉本。清光緒十年（1884）上海《點石齋畫報》創刊。吳友如主筆負責繪畫。內容有時事新聞、科技發明、社會生活等，隨《申報》刊行，影響極大。1893 年，吳氏脫離點石齋，自創《飛影閣》畫報。社址設於上海市在路公興里。每日朔望發行，每冊十二頁，定價五分。

〔註6〕金蟾香，生卒待考。清末著名民俗畫家，曾與吳友如一起繪製《點石齋畫報》。

〔註7〕符艮心，生卒待考。清末著名民俗畫家，曾與吳友如一起繪製《點石齋畫報》。

鄭曼陀〔註8〕、杭稚英〔註9〕、李慕白〔註10〕、金雪塵〔註11〕、周柏生〔註12〕、梁鼎銘〔註13〕等大畫家的作品。當然，其中許多作品的創作初衷，並

〔註 8〕鄭曼陀，(1888～1961) 安徽歙縣人，久居上海。在月份牌廣告畫的領域裏，是一重要大家。鄭在年輕時，曾在杭州─照相館為客描繪照相擦筆，能真實細膩地刻畫人物神態。到滬之後，他曾與謝之光從吳昌碩弟子趙子雲學過國畫。在總結吸收前輩畫家繪製「喜神」和人物肖像的基礎上，完美了擦筆淡彩畫法，開創了一種新的畫風。見張燕風著《月份牌廣告畫》；筆者在《畫喜神》一文中寫過：「擦筆淡彩的繪畫方法源自我國民間繪製喜神的習俗。喜神，就是為了祭奠和紀念已亡故去的先人所繪製的肖像。早在春秋戰國，就有「祭必有尸」的禮俗約定。到了宋朝，此風大興，幾乎平常之家也多為之。這一時期，民間就出現了以畫喜神為職業的專業畫師，比如《金瓶梅詞話》中所描寫的，由西門慶請來給李平兒畫遺容的韓先生，就是這一行中的人物。及至明朝，朝廷開明，對外政策開放，利瑪竇等歐洲傳教士來華，西洋的肖像畫和寫實畫法亦隨之傳入我國，對當時的畫壇也產生一定影響。其時有一位畫家姓曾名鯨，表字波臣，吸收最力。清代作家姜紹聞在《無聲詩史》一書中說：曾鯨一改傳統的人物畫法，而以西洋暈染法繪製肖像，強調骨骼結構，明暗透視，畫出的肖像更加栩栩如生。書中稱其；「寫照如鏡取形，妙得神情，其傅色淹潤，點晴生動，雖在褚素，盼睞顰笑，咄咄逼真」，「每圖一樣，烘染數十層，必匠心而後止」（見姜紹聞《無聲詩史》）。這裡所說的「烘染數十層」、「傅色淹潤」等語，都是後期「擦筆淡彩」繪畫方法所宗的要旨。直到清末民初，畫喜神的技法均本乎此。就是月份牌廣告畫大師鄭曼陀發明的炭精人物畫，亦當源自這一方法。

〔註 9〕杭稚英 (1901～1947)，浙江海寧人，久居上海。自幼愛好繪畫。曾拜符鐵年為師。十三歲入上海商務印書館圖畫部當練習生，從徐泳青學過西洋畫。二十歲日立門戶，創辦「稚英畫室」，承按各種廣告畫業務。畫室先後吸收合作者和學員數十人，分工合作，作品風格新、交件快、信譽好，業務欣欣向榮。署名稚英的畫，多為金雪塵、李慕白合作，最後由杭氏修繕完成。杭氏畫風源自模仿鄭曼陀，後有著進一步的改進，更受到大眾的歡迎。杭為人慷慨仗義、古道熱腸，並有高尚的熱國情操。抗去世後，合作者仍以「稚英」二字落款。

〔註10〕李慕白；(1913～1991)，浙江海寧人。十六歲居上海，進入「稚英畫室」學畫。因聰穎過人，且長於人物。擦筆譜灑爽快，用色濃淡自如，深得杭稚英的看重。

〔註11〕金雪塵；(1904～1996)，江蘇嘉定人，十餘歲考入商務印書館圖畫部學畫。1921 年加盟「稚英畫室」。他對國畫花卉和西洋水彩都有很深的功底，畫擦筆淡彩也能一氣呵成。他與李慕白合作達數十年，特色不分彼此，在藝壇傳為佳話。

〔註12〕周柏生；(1887～1955)，江蘇常州人，名桐，字柏生。長於國畫，在廣告畫中多以古裝人物為主。曾在南洋兄弟煙公司廣告部工作，後創辦了「柏生繪畫學院」，邊創作，邊課徒。

〔註13〕梁鼎銘；(1895～1959)，廣東順德人。二十年代，他曾受聘於上海英美煙公司工作。以善畫老虎稱著。後受國民黨中央政府之邀，繪製抗戰史畫。四九年移居臺灣。

不是用來印製煙畫。如，吳友如的《小百子圖》、金蟾香的《西遊記》、鄭曼陀的《時裝淑女》等。之所以印成煙畫，乃是煙草公司廣告部「移花接木」的之作。

綜合來看，中、外煙草公司在我國發行的煙畫，其畫稿的來源，有以下幾個源頭提供：

一、廣告部

大煙草公司自己設有廣告部，由部中聘任的美術師專門繪製煙畫畫稿。二十世紀一十年代，實力強大的英美煙公司，在上海率先設立了廣告部。浦東的印刷廠也設立了繪畫部。他們重金聘用英、俄、德、日和中國的畫家、技師，從事商業廣告設計工作。著名的廣告畫畫家胡伯翔〔註14〕、唐九如〔註15〕、陳康儉〔註16〕、丁悚〔註17〕等，皆先後任職於該公司。在各類煙草的廣告設計中，他們都做出了突出的貢獻，為我們留下很多優秀的作品。公司對他們也都禮遇有加，享受著公司的優厚待遇。

他們在廣告部科學統一的步署下，依照現代廣告的策略，配合市場開發和公司總體的規劃，精益求精地繪製各種宣傳品。煙畫設計，與煙標、煙卡、招貼、月份牌及至露天廣告、櫥窗陳列一樣受到重視。如同對待重大工程項目一般，有條不紊、一絲不苟地實施運作。筆者曾翻閱上海檔案館現存的《英美廣告部 1828 年年度工作月報》，報告上詳盡地記錄著煙畫的繪製進度，以及逐月完成的情況。這一年，美術師們正在繪製內容不同的《提燈會》,《古裝美人》、《中國風景》和著名的《中國交際花》、神話故事《封神榜》。這些後來被收藏者極為重視的煙畫，每一組、每一幀都在嚴格地督審制度之下完成

〔註14〕胡伯翔：(1896～1989)，江蘇南京人。年青時曾受吳昌碩的指教，國畫功底深厚，擅長風景畫。亦長於西洋銅版畫、水彩和攝影。任職於英美煙公司廣告部達二十年之久。曾與公司約法三章：一，只從事繪畫，不做管理；二，創作自由，只畫自己所愛的題材；三，創作不受任何干擾和干預。公司諾之。見張燕風著《月份牌廣告畫》，臺灣漢聲雜誌社出版。
〔註15〕唐九如：生卒待考，民國時期商業美術畫家。1930 年至 1936 年，就職於英美煙公司廣告部，為普通畫師。後又受聘於南洋。
〔註16〕陳康儉；生卒待考；三十代留美畫家，1935 年回國，受聘於英美煙公司廣告部工作。1937 年退出，復任南洋兄弟煙草公司廣告部負責人。
〔註17〕丁悚與丁納，原為上海報社廣告畫家。二十年代，先後任職於英美煙公司廣告部，仍然負責報紙廣告黑白稿的設計工詐。其間也曾為公司繪過幾套《婦女新時裝》類煙畫。

的。有的作品，如《歷代傳奇》（亦稱《歷代名姝》）的 294 幅圖畫，前後共繪製了七年之久，集廣告部畫師和印廠技師們的技術大成〔註 18〕。正因如此，英美煙公司出品的煙畫作品，精妙之品數不勝數。

牌份月紙牌招畫告廣造製家術美之司公煙美英
術美代近國中展發以足等

上世紀三十年代英美煙公司廣告部內景

　　英美廣告部在二十年代，又創辦了自己的美術學校，培養造就出不少商業美術人材。據說，他們在學習過程中，除了基本功素描、寫生等練習之外，創作實習，多從設計煙畫入手。因其篇幅較小，易於處理，是技術培養的必修課程。

　　1915 年，向社會擴股後的南洋兄弟煙草公司，也設立了自己的廣告部。

〔註 18〕《頤中檔案》中《1933 年 4 月 4 日河南鄲城 S. P. 陸致漢口英美煙公司函》中寫道：「在我們的一些牌號的煙包中，如果任何一套畫片有所變更時，大批的鄉下農民甚至就會懷疑到香煙的質量」。「農村中抽煙的人和叫賣小販經常評論說，附有畫片的那些牌號的香煙，一定是大工廠的產品；而沒有畫片的香煙，恐怕就不是的了。特別是因為在本段之內，土產手工捲煙者為數甚多，而且冒牌香煙的事情也是層出不窮的」。

組織形式和工作方法上，基本上傚仿英美煙公司。早期為唐琳主持繪畫部。
宋（子文）氏家族參股後，則由留美畫家陳康儉主持。先後在該部工作的畫
家有周柏生、王通、唐九如等。他們在設計或審定煙畫畫稿時，亦十分謹慎，
要求極高。因之，南洋的《封神榜人物繡像》、《紅樓夢人物繡像》等煙畫作
品，從繪製到印刷，都達到登峰造極的程度。

1924 年，上海華成煙公司成立之始，自己的廣告部也隨之誕生。由張獲
寒主持，謝之光、張雪父加盟其中，為「金鼠牌」香煙繪製廣告。翌年，謝之
光漫不經心地把當時的紅伶呂美玉設計到「美麗牌」香煙的煙標上，並在煙
包內放進了《呂美玉劇照》煙畫。於是，引發了中國首次「侵犯肖像使用權」
的官司，在上海轟動一時。另一項華成廣告部的特色之作，就是以戲劇內容
為主，設計發行了《京劇臉譜》和大量《京劇折子戲》煙畫，在多如牛毛般的
煙畫海洋中獨樹一幟。

二、畫家工作室：設計繪製煙畫畫稿

上海開埠早，商業發達，是中國現代商業美術發祥之地。中、外商品的
雲集，銷售上的競爭，造就了一大批為之服務的廣告人才。其中，不少優秀
畫家被各大公司禮聘，專一為聘用公司工作。而眾多屬於自由職業的畫家們，
凡有一定號召力的皆各立門庭，成立畫廊、畫社和美術工作室，獨立承繪各
類美術作品。最早的「點石齋」、「飛影閣」，除按時編繪畫報外，已有承攬「外
活」的先例。嶺南派大家高劍父與鄭曼陀私誼甚篤，二人不僅經常在創作方
面合作；高的雜誌社還曾一度專門為鄭曼陀承接訂單。

二、三十年代的「稚英畫室」，則是滬上畫家工作室的個中翹楚。杭稚英
的父親是商務印書館印刷廠廠長的秘書，稚英得以在少年之時進入商務美術
室充當練習生。在眾多中、外美術師資和畫家們的耳提面命之下，學會了多
種中、西畫法以及工商設計的理論知識。當其自立門戶、創立畫室的時候，
年紀才二十一歲。

稚英為人歉和、待人誠至，使其周圍團結了一大批有為的青年畫家，如金
雪塵、金梅生等，都成為畫室的中流砥柱。直到杭氏中年謝世之後的很長的一
個時期，這一畫室旗幟猶存，所出的作品猶以「稚英」冠名，為人間留下無數
妙品。不少《時髦女郎》、《時裝少婦》類的煙畫作品，多出自「稚英畫室」。

抗穉英的畫像和他畫室繪製的煙畫

此外，丁雲先的「維妙軒」，周柏生的「柏生繪畫學院」，也都有煙畫作品問世。由於是大家坐鎮設計，這些煙畫亦多不凡。

三、印廠社團

除上述專業公司和畫室之外，社會上大大小小的廣告公司、報社、印刷廠和藝術社團亦承攬煙畫設計。

上世紀二、三十年代，中國煙草業因利益驅動，大大小小的煙廠無數，僅上海地區，就有一百多家。煙包內沒有附贈的煙畫，人們就會認定它是「假煙」、「次煙」，而無人購買〔註19〕。因之，再小的煙廠，也要印些畫片裝在煙包裏面。而精美的、高質量的煙畫，又印不起、搞不到（因為，英美、南洋皆在自己的印刷廠中承印，緊防外流）。向知名的畫家訂製，費用又高。鑒於需求，上海大大小小的廣告公司、報社、印刷廠和美術、攝影團體，亦開始承攬煙畫設計和承印工作。

客戶找到門上，提出設想和要求，他們便一概應承下來。客戶去後，他們便以自己的關係和渠道，找到一些二流或兼職的畫家，以低廉的價格去代購煙畫煙稿。這也是，有很多品質低劣的煙畫出籠的重要原因之一。

〔註19〕筆者曾向前中國美術家協會副秘書長鍾靈先生瞭解過此事。他說，舊時代，對搞商業美術的畫家都看不起，認為不是繪畫正宗。尤其，對畫煙畫的、小人書的，更是不入流的事情。建國之初，因政治極「左」，把商業美術視為資產階級文化的代表加以批判。因之，會內畫家，就是曾畫過廣告畫的，在填表入會時，也多不談及此事。

提供這些粗製濫造作品的，多是以賣畫為生的自由群體。他們是由畫油漆廣告的、畫戲劇布景的、畫連環畫的、畫漫畫的、畫工藝畫的無名畫家和藝人組成，人數眾多、魚龍雜處。他們或接受委託於前，繪事於後；或早已繪畢於前，相機出售於後；總之，是「以售出畫稿，換回米糧」為目的。交易完畢，代理單位再根據客戶要求配印背子，便算是大功告成。

商戰激烈，造成這一群體的競爭也激烈異常。他們既要畫畫，更要搞關係、拉網絡。除了個別有些知名度的畫家之外，多數處於被動的劣勢狀態。加上對中間人的打點、代理商的苛扣，收入十分菲薄。因之，畫煙畫這一行逐漸淪為末技。當初，上海灘許多畫家都曾介入過這項工作。但在其成名後，大多諱談此事。

四、自由群體：「自產自銷」的煙畫繪製群體

據一些瞭解此業的人士介紹，當初，還有些來自外埠或上海周遭一帶、以繪畫為業的自由職業者。他們常常依時住於十六鋪附近的小客棧內，並不依賴中介和代理，憑著自己的技術、作品和社交能力，出入於茶館酒肆之間，進行交易活動。尤其在春秋兩季，借外埠客商來滬處理業務的時節，直接拿出自己已畫好的作品，與他們直接洽談。因是按質議價，成交率也很高。老城皇廟的小酒店、豫園的碧波茶樓，一直是這一行人的商洽之所。〔註20〕

客戶購得畫稿，或帶往外地，或在上海擇廠印刷，到也方便快捷。有時，一組畫稿不一定被一家買斷，而成交多家。開印時，只是換上不同的品牌和廠名即可。有時，一些小印廠，也照方抓藥，只要客戶不要求版權保護，何樂而不為哉！所以，在三十年代後期的煙畫中，常有相同畫面而背子各異的情況發生。

〔註20〕筆者在九十年代與原中國畫家協會主席鍾靈先生的訪談。

第十一章　煙畫的設計與出品

早期西洋煙畫的設計技巧

從 1890 年到二十世紀的二、三十年代，是西洋煙畫出版發行的高峰。這一時期的煙畫，與機製香煙同步，進入到一個有計劃、有系統，規模化的工業生產。從設計、繪製，評定、製版、印刷、發行，都是科學的、系統的、有條不紊地進行著。這些作品，表現出一系列明顯的特色。

（一）身軀雖小、內涵博大

煙畫自其誕生之日起，就顯示出它的勃勃野心。它志在爭城奪池、衝出洲際，與煙草一起去征服世界。我們可以從早期西洋煙畫的內容中看到：

航海，它們要乘風破浪，一往無前；志在大洋彼岸、滄海盡頭；

戰爭，它們要鐵馬金戈、折戟沉沙；志在異域它鄉、爭城奪池；

探險，它們要上天攬月、入海擒蛟，志在碧落黃泉、窮其究竟；

征服，它們要裁山量水、尋巨探微，志在問鼎五洲、征服世界。

《世界物產》，那裡有無數的珍寶礦藏，取之不盡、用之不竭。

《世界風光》，那裡有瓊樓玉宇、風光旖旎，物華天寶，天堂難比……。每幀圖畫都可以看到內中對世界的希冀之心；每組圖畫都包藏著巨大的覬覦之志。——

請看煙畫上的《世界陸兵》、《世界兵器》、《世界船艦》、《世界人種》、《世界婦女》、《世界節日》、《世界奇觀》、《世界名勝》、《世界動物》、《海底世界》、《花木世界》……如此種種。無一假語村言、冬烘說故。這些煙畫，看似幼稚可愛；實際枚枚內容都潛藏著商業的征戰之心。煙畫雖小，處處表現出新興資本，要用商品贏得世界的雄心大志。

一組早期出品的西洋煙畫

（二）推廣科普、施及婦孺

　　煙畫可愛，目的不全在吸引購煙、吸煙的煙民，更在於要用煙畫感動煙

民之外的潛在市場，婦女和兒童和不吸煙者，都是他們獵取的目標。

遠避紙煙的婦女，可以對排斥煙草，但她們不會排斥煙畫上美男俊女，不會排斥煙面上服裝款式的時髦和髮型的新奇；更不會排斥外部世界對她們的吸引；不會排斥知識海洋所獨具的魅力。一旦把她們引入吸煙的行列，她們會對這一嗜好保持著更為堅韌和執著的忠誠。事實證明，女子一旦吸煙，她們會比男人更難戒除。

對於兒童，更是潛力巨大。煙畫可以輕而易舉地把他們引入煙文化的領域，從小的耳濡目染，日浸月潤，使其長大之後，自然而然地成為了公司的顧客。目標之遠，盡在布局之中。實可謂「有教無類、奪志贏心」。

（三）小題大做、一絲不苟

西洋煙畫在設計和繪畫方面，全面承襲了西方傳統的繪畫技藝，強調構圖的嚴謹、結構的科學、造型講究寫實、透視、光線、一絲不苟、每一幅都是採用畫大幅作品的方法進行創作，而後縮小印刷。故而幀幀皆能小中見大，微中見著。臺灣漢聲出版社在出版《煙畫三百六十行》一書時，把每幀煙畫都放大數倍印刷。得出的效果竟如點彩派大師〔註1〕的作品一樣，從中可以清楚地看到，當初手工分色製版的精細。

（四）形式多樣、鬥豔爭奇

多質地，多造型，這也是西洋煙畫的率先發明。

在煙畫熱的高峯時期，煙商不惜重金，把最先進的工藝技術、手段都應用到小小的煙畫上。寵愛之情，可稱得上視如拱璧，鍾愛非常。

因之，如前所述，煙畫的質地，鐵質、絲質、玻璃、紙質……，變化多端，花樣翻新，精品多得不勝枚舉。威爾士公司、英美煙公司的出品，都是採用了上乘的印刷設備、上等的油墨和紙料，由一流的技師製版精印而成。這類作品歷經百年春秋、色彩猶自豔麗奪目。圖畫上的金絲銀線，至今熠熠生輝，當知工藝之精。

有的研究者經為此計算過成本，稱；「一枚精緻的煙畫，幾乎可與一包紙煙的價值相等〔註2〕。」但是，煙商們仍不惜投資，精工製做，用心之苦，可見一斑。

〔註1〕見《頤中檔案》中《上海英美煙公司廣告部備忘錄》。
〔註2〕見《頤中檔案》中《1933年4月30日徐州 H. Y. 陳致漢口英美煙公司的函》。

（五）編印序號、內容綿連

最早的西洋煙畫內容支離破碎、互不相顧，只要賞心悅目，就算達到了目的。後來，在煙畫的一角或背子上加印上阿拉伯數字、作為序號，有的還在背子後面注明總體張數。從效果上來看，是對收藏者的一種關心。但實質上是弔起收藏者的胃口、懸起收藏者的心思。讓收藏者產生「收集不全，其志難泯」的志向。如此誘導，不知俘虜了多少煙民和愛好收藏的人們。

此外，英美煙公司還把古埃及的拼圖遊戲使用到煙畫當中。例如，它出版過由 48 枚煙畫拼接組成的《大地圖》，缺一不能成為完璧。又如，他們在出品「七巧板」牌香煙時，設計了一套《象棋殘局生死譜》煙畫。一枚一個殘局，背子印有文字求生譜。絕妙之處是，後一枚印的是前一枚布局的解法。只有連綿集齊，才能把 160 枚殘局全部解開。如此安排，豈非有意折磨人也：

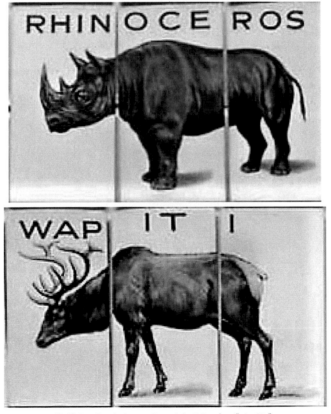

英美煙公司出品的三拼圖煙畫《動物》

序號雖小，功能大矣！拼圖雖小、何其難也！在這些綿連的設計中，實際潛藏著無盡的商業的玄機，為商戰中的促銷，兌獎，集藏熱，演變出無窮的鬼

蝕伎倆。如增大系列的編製，定號少發、設定虛號，以控制兌獎的數額，操縱市場的競爭種種，全是在這些阿拉伯數字和類似的拼圖上大做文章〔註3〕。

由十張煙畫拼成的一幀大的風景畫

（六）發行集藏專用冊

煙畫集藏專用冊出現的很早，在阿倫—金特時代，該公司已開始向購煙者贈送一種「小夾子」，號召煙民收藏他們發行的煙畫〔註4〕。起初，未必有什麼效果。但是，此法在二十年後就非比尋常了。各大公司，煙草商爭相效尤。尤其是英國威爾士公司每每在推出重大題材的香煙畫片時，都要發行了專用集藏冊。

如圖，這是筆者收藏的一本紀念英皇 King Gearge 五世登基時的出品。當時英國 CARREAS LIMITED 公司隆重出品了一套《大英皇帝與帝后》（KINGS AND QUEENS OF ENGLAND）的煙畫。全套 48 枚，大小不一，依序印出了歷代英皇與皇后的肖像，用的是油畫布紋的質地，仿油畫七彩印刷，莊重非常。

〔註3〕《啼笑因緣》是作家張恨水，在 1929 年底，在上海《新聞報》副刊連載的一部長篇言情小說，因情節生動感人，轟動一時。1931 年初刊載完畢，發行了單行本。

〔註4〕見美國煙草史專家理查德・克魯格（Richard Kluger）先生著《煙草的命運》（ASHES TO ASHES）一書。

集藏冊內的 48 個空框之下，一一注明他們在位的時間和歷史。集全之後，就
成了一部珍貴的《皇室影集》。而筆者的集藏中缺少兩枚，至今未曾收齊，每每
翻看，猶自遺憾不已。由此，也深刻地體會到集藏冊微妙的作用。

早年西方公司發行的煙畫集藏冊

西洋煙畫的漢化

　　十九世紀末葉，美國杜克先生的香煙公司把香煙連同煙畫傳入中國之際，
煙畫就擔負起宣傳捲煙、促銷捲煙任務的排頭兵。然而，在國外行之有效的
方式，由於對東方情愫缺乏理解，往往達不到目的，有時還因小失大、謬之
千里，不僅鬧出笑話，而且還起到相反的作用。

　　學者孫家琦在《煙草牌》一書中舉例說：西人畫的煙畫廣告上，外國傳
教士都戴著綠色的帽子。這在中國人的眼裏，便成有「忘八」（即淫婦之夫）
〔註5〕。「他們挑選的圖畫（如選自德國的童話故事），和引用的標語（如『紅
顏薄命』）在中文環境裏沒有什麼意義，反而變成中國顧客茶餘飯後的笑料」
〔註6〕。這樣的煙畫作品就起不到它應起的作用了。

〔註 5〕見《中國產品的效應》一書，第六卷第四期。1977 年 1 月。
〔註 6〕見《英美煙公司手冊》大不列顛畫卡協會編。

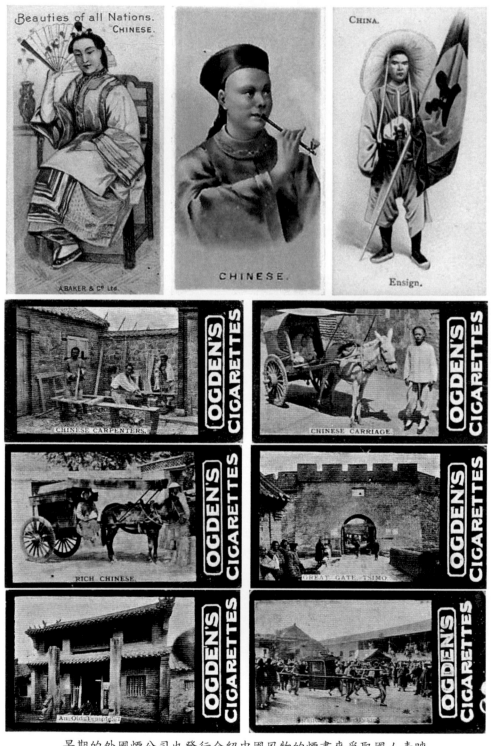

早期的外國煙公司也發行介紹中國風物的煙畫來爭取國人青睞

　　日本煙公司村井兄弟商會社率先改進了煙畫設計，印製發行了充滿東方風情的作品。濃妝豔抹的中國婦女形象進入了這一領域，1898 年針對中國大陸出版的《揚州百美圖》，便是一套受到中國消費者歡迎的作品，以至一版重版，連續發行了多年〔註7〕。其後發行的《三百六十行》等等，都是漢化作品中的優秀之作。

日本煙公司村井兄弟商會社率先設計印製發行了充滿
東方風情的作品《揚州百美圖》

〔註 7〕煙畫《揚州百美》是日本村井兄弟商會社以清末江南評選的妓界名花的玉照
　　　為藍本，專為中國市場印行的一套煙畫，全套 144 枚。在華流行了六、七年
　　　之久。

英美煙公司在華成立總部後，也開始注意了這一問題。為了設計出引人入勝的宣傳品，他們很快就學會了依賴於熟悉中國傳統、瞭解當地風俗和善於觀察人們思想的中國人。這些中國畫家的文化情感正是公司裏美國職員和其他西方職員根本不具備的〔註8〕。

精心設計科學運作

大的煙草公司自設的廣告部門結構嚴謹，管理科學，優質高效的運作，是出品諸多精美的，極富文化品味、商業功能和收藏價值的煙畫的重要保障。

據《頤中檔案》載：廣告總部分設廣告學校和印廠技術部；此外，在天津、北京、秦皇島、瀋陽、哈爾濱、濟南、南京、九江、漢口等之要城市設立了部級廣告部；而下，再分區設立區級廣告部；區級以下，還沒立段級、分段級廣告部〔註9〕。形同織網，組織嚴密。這些部門除上傳下達總部政令，管理分發各種宣傳品之外，進行商業調查，搜集市場動態，反映各類情報，為總部決策提供各種信息，亦是它們的工作內容。對於煙畫的創意、沒計和社會反映，自然亦無一遺漏。

緊扣市場、通力配合

《頤中檔案》保存有這樣幾封信；徐州調查員 H. Y. 陳先生向總部反映：

> 消費者對於我公司各種牌號香煙紙包中所裝入的畫片都十分喜愛。大多數消費者各有不同的眼光。根據我們的經驗，《中國交際花》這套畫片極為大城市中的消費者所歡迎，而古代（內容）的成套畫片則為鄉鎮人民所喜愛。《三國演義》是中國一部古老的、很有名的歷史小說，可說是人人皆知。我們深信，今後消費者必將更加注意我公司十支裝「大仙島」牌香煙。因為，它裏面裝有《三國演義》這套煙畫〔註10〕。

還有一封信件，是天津分公司工作人員致公司董事會的函，鄭重提出要設計新煙畫的建議，十分中肯果斷。他說：

> 《摩登女郎》煙畫在過去是非常受歡迎。但是現在消費者對這種方式多少也有些吃飽了。因此，建議改用幾套新的畫片：

〔註8〕見〔美〕高家龍著《中國的大企業》；商務印書館 2001 年 7 月出版。
〔註9〕見《頤中檔案》中《上海英美煙公司廣告部備忘錄》。
〔註10〕見《頤中檔案》中《1933 年 4 月 30 日徐州 H. Y. 陳致漢口英美煙公司的函》。

一，當代中國英雄人物的照片，如馬占山和蔡廷楷將軍；

二，中國電影明星照片；

三，中國戲劇照，並應在畫片背面加卻簡要的劇情說明。〔註11〕

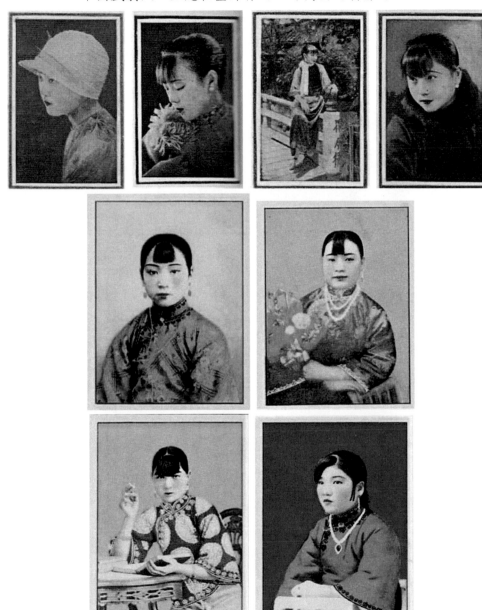

〔註11〕見《頤中檔案》中《1933 年 3 月 16 日天津英美煙公司夏浦致上海英美煙公司董事函》。

上世紀二三十年代最受歡迎的新女性煙畫

　　當時，社會時局正發生著劇烈變化，日軍佔據東三省，社會一致要求抗戰，歡迎抗戰英雄。自然，煙畫的宣傳也不易滯後。儘管當時英美煙公司尚保持「中立」，但在煙畫的內容上，也及時進行了調整。次年，便設計出品了宋代抗金英雄的故事——《岳飛傳》〔註12〕，以迎合社會輿論的需要。

　　廣告部如此「順時媚眾」的策略，一直貫徹始終。從一開始，公司就要求畫家們描繪那些「幾乎為每一個中國人所熟悉的」題材。「刻畫更廣泛圍內

〔註12〕　《岳飛傳》亦稱《岳傳》，自話本演義成書。描述了宋代愛國將領岳飛精忠報國、勇抗入侵的金兵。因故事內容的社會背景與日本入侵中國相似，一時間戲劇、電影競相上演岳飛的故事，受到社會一致的歡迎。煙畫的出版也一度出現「岳飛」熱。相較之下，唯英美煙公司出版的金邊大張煙畫最為臻美。在一定程度上，也表現了英美煙公司的立場。

的社會各階層的無名小卒、婦女，兒童和三百六十行的人們」。

「公司的畫家對中國的大傳統及其小傳統非常敏感，他們甄別公司的所有廣告建議，修改、調整西方廣告中任何因文化差異而在中國可能會被認為是冒犯的細節。他們刪除掉任何過時的象徵而使廣告跟上時代的發展。」〔註13〕

英美煙公司為了迎合中國銷費的喜好，認真出品國人喜聞樂見的煙畫

禮賢下士、集聚人材

另外，英美煙公司禮賢下士，集聚人才，高薪聘請優秀的中國畫家加盟工作，是創作出優秀煙畫作品的另一個重要的因素。筆者在翻閱廣告部 1928 年

〔註13〕見〔美〕高家龍著《中國的大企業》，第 58 頁；商務印書館 2001 年 7 月出版。

英美煙公司的《工作月報》、《廣告人員支取繪畫工具材料表》以及《工資表》時，為之粗略地算了一筆帳。例如：煙畫《提燈會》第 11～20 號，要求繪者在 1928 年 8 月 8 日至同年 12 月 31 日之內完成，也就是說，這十張畫稿可以在四個月零二十二天內畫完。當時，一位普通畫師如楊秀英，月薪為 65 塊大洋，五個月計 325 元收入。另外，每月還有約百分之十的獎金和無償供應的工具顏料、公共畫室。這樣，一張煙畫畫稿的費用，公司平均支出近四十元錢。當時，一袋五十磅的白麵價格僅為一元五上下，足見，每枚煙畫的設計成本之高。同年，部裏高級畫師胡伯翔，月薪為 275 元，而公司交與他的繪畫任務是，一年完成一幅大月份牌廣告即可。這種優厚的待遇，是該公司之外的畫師們無法比擬的。常言說：「重獎之下，必有勇夫」；重酬之下，寧無精品？

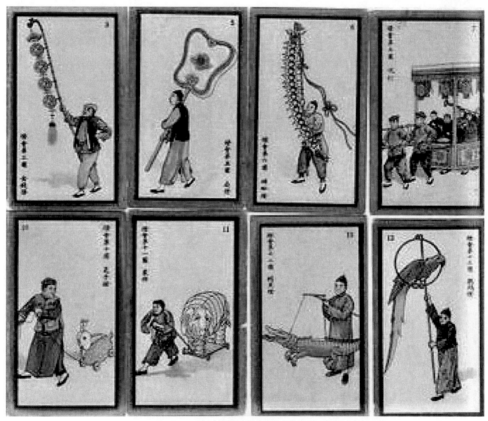

英美煙公司出品的煙畫《提燈會》

精典煙畫作品的完成，還需有高級印刷設備、進口卡紙、油墨和一流的技術人員。這一切，英美煙公司的浦東印刷廠無不具備。筆者根據上海東大名路檔案室檔案《外籍職員雇用紀錄》統計：1919 年～1934 年，總公司及所

屬各公司《「B」級外員職別及底薪表》紀錄：工薪在 50～600 元（法幣）的
B 級畫師和繪圖員共 31 人；月薪在 900～1600 元之間的 A 級畫師和繪圖師
為 2 人，廣告部共為 33 人。（其中，華籍畫師和繪圖員的月薪平均在 80～400
元之間）。一個廣告部，競有如此的投入，如此的技術實力，正如賽馬一樣，
「好馬、好鞍、好騎士」，怎能不跑出最優異的成績！如上，著重說的是英美
煙公司廣告部的管理和運作。在七、八十年前，就已顯示出現代廣告設計、
製作的種種先進。

強調競爭、標新立異

　　在廣告和煙畫設計製作方面，可以與之抗衡的南洋兄弟煙草公司，其廣
告部在管理運作方式方法上，除套用英美煙公司的模式之外，更主要的動力
出自於「與強大的敵人相對抗」中，所產生的激情和爆發力。

南洋兄弟煙公司的女工們在包香煙時放入煙畫

　　「憤怒出詩人」！「對立生動力」！自簡氏兄弟創辦南洋煙廠之初，就
打起了「實業救國」的旗幟。以「衛護國家主權，堵絕經濟漏卮」為號召，與
英美煙公司進行著殊死的抗爭〔註14〕。南洋兄弟煙草公司的員工，上至經理，
下至工廠的清潔工，他們的工作、言談無不以英美煙公司為假想敵。廣告部
的戰略設想和工作計劃，更是以戰勝和壓倒英美的市場宣傳而安排布置的。
　　唐琳主持繪畫部的時候，向麾下的畫師們灌輸的設計思想就是堅決與英

〔註14〕見簡玉階《自述》，《南洋兄弟煙草公司史料》。

美「對著幹」！「處處都要超過他們」，是部中職員的口號。有一階段，市場上出現的兩大公司煙畫，從內容和形式幾乎全部雷同的局面，唯有畫法不相同。比如，英美出了金邊《三國志人物繡像》，南洋隨之也出品了白邊《三國志人物繡像》，勢在一比高低；南洋出品了致為精彩的《紅樓夢人物繡像》，英美緊跟其後也發行了金邊《紅樓夢人物繡像》，目的很簡單，就是要在市場上決一雌雄。如此，你出什麼，我也出什麼，兩家比試了二十多年。僅筆者所見，兩公司在文學故事、風景、民俗、民謠、體育、文娛諸方面出版的同一題目的煙畫，就有二、三十種之多。雙方這樣不甘勢弱、你追我趕、爭奇鬥豔地競爭，並未分出實際上的勝負，卻都創作出不少煙畫精品〔註15〕。

只是，南洋所聘畫師人手不足，難敵英美，部分畫稿就採取「重金外購」的方法，藉以補充。這一點，與英美煙公司廣告部全盛時期，要求畫稿「全部自繪」的方式，是有所不同的。

別出心裁、出奇制勝

實力較差些的煙草公司，在煙畫策劃方面，則很難四平八穩、有計劃、有步驟、全局統籌地進行創作，只好採用「獨闢蹊徑」和「出奇制勝」的策略，以贏得市場的青睞。

例如，華成煙公司從老闆到廣告部門上下的所有職員全是「戲迷」，酷愛京劇到了癡迷的程度，不僅廠內開設票房，而且，大家還時不時地粉墨登場、孟優自娛一番。所以，華成煙公司出版的煙畫，大多以京劇為題材，公司的形象廣告，也是梨園中的紅人〔註16〕。這樣，別有聲色、獨樹一幟的做法，還真創出了自己的名牌，打出了公司的名氣，得到消費者的認可。

還有一些小公司出品的具有一定影響力的煙畫作品，是因選材新穎，出奇制勝。他們及時撲捉社會新聞，繪成煙畫，儘管繪事不濟、質量粗糙，但也能造勢一時。

比如：民國十一年，上海花界有一位色藝雙全的名妓蓮英，被中國銀行的小職員閻瑞生借著春郊兜風之名，用小汽車將其騙至荒郊，姦污後殘酷地

〔註15〕這兩大公司的商戰，直到 1939 年，因中日戰爭戰事和二次世界士戰的影響所至，英美公司開始抽調資金，逐步退出中國市場，競爭勢頭開始減弱。煙畫的出版也都逐年減少。到了 1947 年，中國各煙廠皆不再印製、附贈煙畫了。

〔註16〕「美麗牌」香煙是華成煙公司的王牌產品。其商標形象是二十年代滬上名伶呂美玉。

將她勒死，並劫去全部珠寶首飾。這一淫殺大案，在滬上轟動一時，街談巷議，人人關注。此案在巡捕局的嚴查密訪之下，逾月偵破，閻瑞生在餘杭俯首就擒，經過公審、判處槍斃，大快人心。

名伶趙君玉抓住這一事件，趕排了一齣《槍斃閻瑞生》的時裝新戲。自飾蓮英，在被害一場的麥子地裏，淒淒乞命的表演，使人撕腸裂肺、全場大慟。這齣戲自公演以來，連滿了二百餘場，熱鬧了數月有餘。以至周邊的蘇、杭、吳、越之人，都專程一睹。創出了驚人的票房收入。上海大東煙草公司及時地出品了這一故事的煙畫，果然給「紅牛」牌香煙帶來很好的收益。

上海大東煙草公司出品的煙畫《閻瑞生》

又如，1928 年，上海黃澄滄股票交易所老闆的女兒黃慧如，年青不諳時事，被公館中的僕役，來自鄉間的陸榮根引誘，私委終生。因懼怕家中識被，二人私自拐帶家中資產潛逃。黃家登報尋人無著，復報官通緝。終一日，在掃葉山房的骨董店中，把正在銷藏的陸榮根抓獲。這一公案剛有頭緒，滬上報刊已吵成一片。還是那位有名的趙君玉與趙如泉、黃玉麟一起，如法炮製，把這一社會新聞搬演於「上海大舞臺」。同樣爆滿半年之久。好幾家煙廠把它畫入煙畫，付梓發行，同樣起到轟動效應。

社會新聞類的煙畫《黃慧如與陸榮根》

　　山西晉華煙廠，在張恨水的言情小說《啼笑因緣》〔註17〕尚未殺青之時，就買斷了煙畫的出版權，這都是煙畫中的優秀創意。

〔註17〕《啼笑因緣》是作家張恨水，在 1929 年底，在上海《新聞報》副刊連載的一部長篇言情小說，因情節生動感人，轟動一時。1931 年初刊載完畢，發行了單行本。

第十二章　煙畫的印製與分發

煙畫的印製

　　自十九世紀末葉到二十世紀中期，從煙畫在中國的發行史中，也顯示出印刷技術的變遷。具體到煙畫的印製，可分為石版印刷與照相製版兩個階段。

石印煙畫

　　石印煙畫流行的時間界定，應為 1876 年至二十世紀三十年代。也就是說，當開始生產捲煙並附以有圖畫的首枚（煙畫雛型）畫（卡）誕生之日起，煙畫便是由石印技術印製完成的。

　　這種石印方法，是德國畫家 A. 遜納菲爾德（1771～1843）於 1798 年發明的。他是根據石材吸墨及油水不相容的原理創製。印刷時，因酸化的石材受水拒墨而無色，未酸化的部分拒水著墨而顯色。這樣便使圖案原樣印在卡紙上。經過多色複印後，就成了精製的彩色畫片。後來出現的版畫藝術，就是由這項工藝發展而成的〔註1〕。

〔註1〕見上海辭書出版社《辭海》，石印畫條。

這組畫片生動地說明煙畫出品的全過程。一，畫師設計繪製畫稿；二，採集德國天然石印石版；三，由描稿將畫稿分色後描繪在石版上；四，由印刷師上版、調色、打印小樣；五，上印刷機成批開印；六，印出煙畫，檢驗後切割成成品，包裝，送到煙廠，再包入煙包。

石版印刷術的成型和普及程度很快。十九世紀上半葉，德國海德爾堡平版印刷機已開始成批生產，並傳到美國。因其印刷精美、色彩豔麗，深受人們喜愛。人們用之印書籍、證券、裝飾畫、廣告和各種招貼。到了七十年代末，美國煙商率先採用石印印製煙畫，自然是順理成章的事情。

十九世紀末，出現在中國的煙畫都是在域外歐、美和日本印製的，。中國出現石印畫和使用石印機雖早〔註2〕，但並未用之印製煙畫。石印煙畫是在

〔註 2〕清道光十四年（1834），中國廣州出現了外國人張貼的用石版印刷的布告。但石印技術尚未傳入。到了同治十三年（1874）上海徐家匯天主教堂建立了土山灣印書館，並設立石印印刷部，引進了石印機來印製教會宣傳品。石印機的引入，

1885年，上海茂生洋行代理美製捲煙的時候才出現的。在中國國土上印製煙畫的時間應是1899年，是年，日本村井兄弟商會社在滬建廠，在安裝捲煙機的同時，也安裝了平版機來印製宣傳品和煙畫。部分《揚州百美圖》就是在上海印刷的〔註3〕。

　　1902年，國際煙草壟斷集團英美煙公司成立，在上海蘇州河畔設立了亞洲總部，接著，在浦東建立了捲煙廠和印刷廠。從此，該公司發行煙畫的設計、繪製、製版、印刷便都在華進行了。南洋兄弟煙草公司成立之後，同樣也建立了自己的煙廠和印刷廠。石印煙畫的工藝流程基本相同，簡況如下：

　　英美煙草公司廣告部每通過一份畫稿後，便由專人連同批文一起送到印刷廠石印部繪畫室，進行製版前的人工分色。精通繪事的技師，在對每一幀畫稿進行了仔細的分析之後，帶著學員們分別繪製分色負片。他們不僅有繪畫技巧，還要嫻熟地掌握印刷技術和油墨的性能，熟練地分解紅、黃、藍等原色，以確保原作的神韻。

南洋兄弟姻公司石印部繪畫室內景

比日本晚了六年（日本國在明治元年（1868）便已引進了這一技術）。1876年，創設申報館的英人E. 美查在上海開設了點石齋石印局，開始印行石印圖書與期刊。但，當時還是單色階段。1877年，日本石井鼎湖的多色石印試驗成功，並在「第一回勤業博展會」展出，獲得各界關注。我國最早用石印方法印刷彩色圖畫的是鴻文堂五彩書局。經理鄔金亭，專門承印各種彩色錢票。接著，國人魏允文、魏天生創設中西五彩書局，專印彩色圖畫，成為我國彩色石印的先驅。這都是1882年前後的事情了。見《中國大百科全書、石印條》。
另據中國木版年畫專家王樹村先生的考證：最早將彩色石印畫傳入中國的是天津日本「中東洋行」和日本「中井洋行」，圖畫的題目為《大清慈禧皇太后御遊頤和園圖》。時間為光緒中年。見王樹村著《中國木版年畫史》，特此存案。
〔註3〕在筆者收藏的村井兄弟商會社出品的《揚州百美圖》煙畫，有三種圖案相同印刷地址不同的背子。這三個地址分別為日本東京、京都和中國上海。

在照相分色技術尚未發明之前，人工分色是一種很精細的技術工作。技師根據原色稿色相、色素的多寡，分出數目不同的色版。單色的圖畫，一般可以根據精細需要，分為深、中、淺、淡不等的三、四塊版。色彩豐富的，則分為黑、深藍、淺藍、大紅、淺粉、黃，棕、金或銀等八、九塊色版。分色時，根據不同色彩的濃、淡，運用點、線、面的疏密、大小與不同顏色的飛空、疊複，宛如點彩派大師一般，巧妙地運用光、色交融的原理，影響人們的視覺，使印出的圖畫精美異常。

公司浦東印刷廠印刷煙畫的情景

上機開印時，石印技術對調色師要求更高，要求他能與分色師對原作的理解一致，方能使印出的作品天衣無縫。在石印的分色中，有一版適中的灰色，如淺藍灰，淺棕灰等，左右著畫面的基調，分色時如何處理好，調色時如何配合好，是石印藝術中的點睛之處。這一點在許多早期煙畫作品中，表現得十分出色〔註4〕。英國威爾士公司的《馬步兵》、日本村井兄弟商會社的《三百六十行》、英美煙公司的《中國成語》、南洋兄弟煙草公司的《百美圖》、《中國名塔》等，都是這一時期的石印傑作。

因為石印的印製面積所限，早期煙畫多為 24 枚或 48 枚一套。其原因，是由這一因素所決定的。

照相製版煙畫

由於光學的進步和感光膠片的發明，美國科學家喬治、伊斯托馬，在 1878 年將第一代柯達照相機推上了市場。又經德國人進一步的完善，照相機終於成了一種定格時空、記錄歷史、推動科研進步並給人們的生活帶來無限歡愉的絕妙佳品。時人以拍照留影，成為一種極為時尚的事情。很快，照相技術

〔註 4〕見李德生著《煙畫三百六十行·序》，〔臺灣〕漢聲出版社出版，2002 年。

就被應用到印刷術中。

　　十九世紀八十年代末，新的一代印刷機在歐洲誕生了。1892 年，日本小西六是東方最先引進照相製版技術的企業。但因發明之初，技術尚不完善，印刷品多停留在單色印刷上，一時還未用來大量地印製煙畫。

以上是英美煙公司攝影部內景

以上是英美煙公司用照相分色技術精印的「四大名旦」煙畫，技術一流，無廠能比。

　　反之，早期煙畫卻有不少照相作品。如明星、人像，風景，動物之類的煙畫，是用照相紙洗印、裁制，有的加印了背子文字或廣告，作為煙畫附贈發行。

　　到了二、三十年代，情況不同了，照相製版、分色的技術進步迅猛，印刷機、油墨日臻完善，照相版七彩印刷的圖片印得日益精美。煙廠也開始使用這種先進的機器，替代石印來印製各種宣傳品。

筆者收藏有幾套 1931 年第一次印刷的煙畫樣品。例如，英美煙公司在是年出品的七十枚一套的《京劇名伶》。這組著名的煙畫，集二十年代後期頂級的京劇紅星——梅蘭芳、尚小雲、程硯秋、荀慧生、楊小樓、余叔岩、馬連良、郝壽臣、侯喜瑞〔註5〕等二十餘人的彩色劇照。又把當年炙手可熱的劇目亦都囊括其中。包括梅先生的名劇劇照和便裝肖像，迄今都是珍貴的戲劇史料。這組印樣是由黑、深藍、小藍、大紅、小紅、深黃、小黃等七版組成。從畫面的精美，可以看到照相分色的科學和精確。自此，照相製版最終替代了石印。

事實正是如此，在三十年代初，石印便驟步淡出了這一領域。當年照相分色製版與印刷工藝與現代的工藝流程已十分相近。

以上是筆者珍藏的一幀英美煙公司出品的《紅樓夢》煙畫打出來的印前小樣，上邊有製版師、調色師、打樣師和車間主任及上級主管的審批簽字。足見重重把關之嚴格。

〔註5〕梅蘭芳，尚小雲，程硯秋，荀慧生是京劇著名的旦角演員，1927 年評為「四大名旦」；楊小樓係「一代宗師」；余叔岩、馬連良皆為「鬚生泰斗」；郝壽臣、侯喜瑞係「淨行祖師」。

煙畫的分發

　　煙畫印好後，在管理有序的煙廠中被嚴格地控制著。從印刷廠提貨，進廠、入庫、出庫、直到分發到捲煙包裝車間，都有專人負責，登記、造表、交接、簽發。尤其在激烈的煙草大戰中，煙畫負有獎券的職能時，如何調配、分裝，都有著精密的策劃和規定。例如，南洋兄弟煙草公司發行的《封神榜人物繡像》煙畫，全套 124 枚。廣告稱：集齊全套煙畫，可得大獎若干。但在往煙包裏裝置煙畫時，這種畫片的分配可就有了學問，有的多裝，有的少裝；有的隨煙發往東北，有的隨煙發往河南；使得煙畫收集人很難配齊。即要達到促進銷售的目的，又不能讓廠家虧本。這一層，在戲劇家翁偶虹先生早年集煙畫的經歷中，就有著詳盡的記述。

　　至於，上海華品煙公司發行的《七十二賢》煙畫，集齊可得「全鋼包車一輛或二兩重金手鐲一副」〔註6〕。於是，如何分裝這些煙畫，可就大有講究了〔註7〕。如此慎重的安排，公司對煙畫的管理怎麼能一掉以輕心哪？

　　煙廠對煙畫管理，都有著一系列的明文規定：如每包放置一枚；發放數與成包數相符；任何人不得夾帶出廠等等。違者給予嚴厲的紀律處罰。就這樣，煙畫在煙草公司高層統馭的攻防戰略指揮之下，通過包裝女工的纖纖雙手裝入煙包；又隨著批發、運輸，走向全國的四面八方；接著，又通過煙店、煙攤的小販，將其逐一送到消費者的手中。

〔註6〕見華品煙公司三十年代關於銷售《「金箭」牌香煙的廣告》。
〔註7〕見馮懿有著《老香煙牌子》，上海電影出版社出版，1998 年。

第十三章　煙畫的繪畫藝術

繪畫，歷來為權貴及士大夫階層奉為至尊的聖殿和優游的廟堂。畫的不是帝王行樂、神仙洞府；便是高山流水、秋月春花，幾乎沒有任何平民百姓的生活寫照。表現現實、描述市井生活、展示時代氣息的繪畫，便落在了那些名不見經傳的「畫工」、「畫匠」和民間畫師的身上。他們以尊者不屑一顧的年畫、插圖、招貼、「小人書」等通俗讀物為陣地，揮灑著手中的畫筆，創作出「與時代共呼吸，與平民共苦樂的」作品。在中國近代繪畫史上創造出了富有生氣的一頁。

在煙草大戰中，煙畫——這一從國外傳來的新穎媒體，很快就儕身到羅普美術的行列之間，且以姣好的面孔、靈巧的身姿翩翩起舞，如水銀瀉地一般進入千家萬戶。有人積攢兌獎，如獲至寶；有人石室收藏，如護家珍；有人把玩傳看，愛不釋手；有人反覆臨摹，如友如師。人們對之如此癡情，就是因為這方寸之間，包藏著無盡的天地和樂趣。小小的煙畫，枚枚都有一個故事，張張都是件有趣的藝術品。

從繪畫角度分析一下它的構成和技巧，對近代商業美術之源流、承繼的研究大有裨益。筆者認為，中國出版的煙畫，在表現形式和藝術方面有如下的特點：

傳統年畫的承繼發展

自從宋代民間，「市井皆印賣門神、鍾馗、桃板、桃符」〔註1〕以來，到了明清，民間年畫已自成一格，以獨有的魅力，為廣大民眾所喜愛，成了逢年過節家家必貼的吉祥物。蘇州桃花塢、天津楊柳青、山東濰坊、四川綿竹都是木版年畫的發祥地。年畫內容包羅萬象、舉凡民俗生活、無不躍然紙上。

〔註 1〕見《中國產品的效應》一書，第六卷第四期。1977 年 1 月。

除了明主訪賢、清官愛民、武將禦敵、英雄救美等傳統題材之外，男耕女織、漁樵耕讀、名山勝水、珍禽異獸、奇花異卉、蔬果竹石；還有戲曲雜耍、吹拉彈唱、火輪汽車、槍炮戰爭、商埠新貌、西洋奇景，無所不包、一應俱全。

這些年畫的題材，煙畫全部給予汲取、如出一轍。而且，在煙畫的早期作品中，單線敷彩的戲劇、時裝美人、民俗風情、社火春牛等作品，幾乎完全脫自木版年畫的模式。這類作品在煙畫中佔有相當比例。一方面原因是，附合廣大農民、平民的傳統審美情趣，另一方面，是一些畫年畫畫家，已參與了煙畫的創作〔註2〕。

請看這組戲曲煙畫全部的《兒童京劇》，簡直就是一幅縮小了的民間戲曲木版年畫。從技法到部局與山東濰坊的出品，何其相似乃爾。再看這幀由中國利興煙公司出品的《黃鶴樓》圖，從線條勾勒、敷色，以及人物造型，皆有似曾相識之感。可以推斷，這位無名氏畫家的出身和功底，肯定與民間年畫畫坊有關。

請看這組戲曲煙畫《京劇折子戲》和《兒童京劇》，簡直就是一幅縮小了的民間戲曲木版年畫。

〔註 2〕見《英美煙公司手冊》大不列顛畫卡協會編。

書報插圖的延伸

　　中國發現最早一幀木刻插圖，是出自敦煌石窟的隋本《金剛經釋迦弁尼說法圖》。到了明、清時期，陳洪綬、改琦等大畫家也都曾投入到書籍插圖、葉子、紙牌一類繪事之中。這一階段，書籍中的人物繡像，以木版單線描刻，配以詩文讚語，印在卷首。插圖，則每章前後兩幅，配在回目之前，成書發行。煙畫，也恰如其分地吸收了這種形式，依法泡製。如南洋兄弟煙公司出品的著名的煙畫《紅樓夢人物繡像》120枚，英美煙公司的《三國志人物繡像》150枚，都是前圖後詩，非常傳統。又如圖中所示，這種《聊齋》煙畫，從構圖到題跋式的文字，簡直就是線裝書籍插畫的翻版。一看便知，這套煙畫的畫家，就是一位繪製線裝書藉插圖的專門家。只不過是增敷上了些顏色罷了。

　　清末，《申報》創刊以後，帶動了報業的繁榮。報紙上的插圖繪畫，如《點石齋》、《飛影閣》畫報中的圖畫，吸引著無數求知若渴的平民群體。這些圖畫突破傳統，大膽引入西洋透視法，使其面貌為之一新，釀成一時風氣。這種風格也浸入煙畫的繪製當中。

這類煙畫的構圖和畫法均脫胎於傳統的木版插圖畫

　　有文獻可考的是，有些插圖畫家如金蟾香、符艮心的作品，也一度進入

煙畫領域〔註3〕。畫家周慕橋〔註4〕最終「移步換形」，成了名噪一時的廣告畫大家。前面所提到的李菊儕先生，不也是從《黃鐘日報》的美編，而試著畫起煙畫來了。二十年代，在報社畫插圖的丁悚、丁訥等，也曾進入煙草公司廣告部工作，遂把「洋式插圖」也引入了煙畫，領一時風騷。

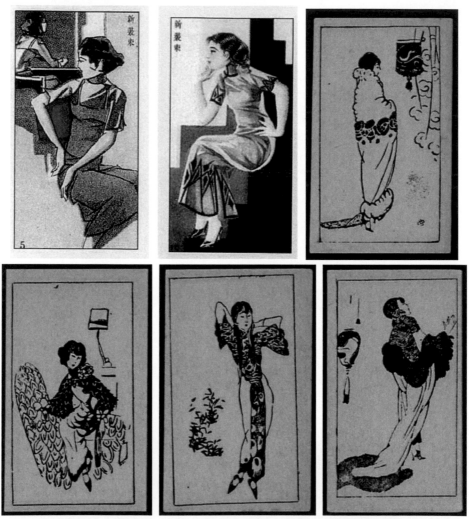

這類煙畫的繪製方法儼然受到西方「洋式插圖」的影響，簡捷明快，手法一新。

〔註3〕見金受申《洋煙畫》一文。

〔註4〕周慕橋：（1868～1922）張志瀛入室弟子，吳友如得力助手，繪製《點石齋》《飛影閣》。曾為桃花塢畫過《鬧新房》《五子奪魁》等畫稿，署名周夢蕉。後以仿古畫著名，是中國第一代月份牌畫家。見上海人民美術出版社出版《老廣告》一書，1998年。

「月份牌畫」的攣生姐妹

　　中國最早的一幅「月份牌」畫是上海鴻福來票行發行的一種隨《呂宋發財彩票》贈送的《滬景開彩圖中西月份牌》〔註5〕。應該說月份牌的形式是從我國農村流行的木版「灶君碼」〔註6〕變化而來的。

　　明治21年（1888）日本橫濱吉野屋八百吉發行了一幅圖文並茂的月份牌廣告〔註7〕，率先把日曆運用到煙草廣告之上，開了月份牌廣告畫之先河。次年，上海《申報》也第一次向它的訂戶附贈「月份牌」，因形式新穎，閱讀方便，很受人們歡迎。此後，各大企業、商業，包括煙草公司紛紛效響，繪印各種款式的月份牌來宣傳產品和企業形象，成為一時風氣。

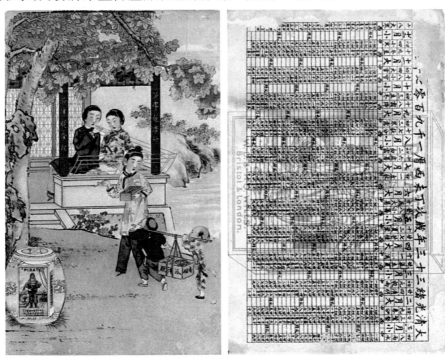

清代末年大張的煙畫背子都印有日曆，故稱月份牌廣告畫

〔註5〕見王樹村《中國民間木版年畫》一書。
〔註6〕灶君碼：舊日中國農村流行的一種用木版印製的，印有二十四個節氣的圖紙。是農家必備之物，貼在灶前不誤農時。現在能見到的有清代乾隆三十一年印行的《迎春圖》。上面不僅印有十二個月、二十四個節氣，還印有「百忌日」等。
〔註7〕日本橫濱吉野屋八百吉在1888年發行了一則煙草廣告招貼畫，主題是「售賣各國名煙葉」，附印「明治二十一年略曆」，應是最早的一份煙草「月份牌」廣告畫。

　　鄭曼陀研究出「刷筆淡彩」的畫法〔註8〕之後，更形成了一種由擦筆淡色畫為主，附以年曆形式的月份牌。它把人們喜聞樂見的年畫和日曆融在一起，貼在牆上，一貼就是一年，既好看，又實用，所起到的廣告作用，實非它物可比。各各公司愛印，芸芸百姓愛掛，使得這種廣告畫流行了有半個世紀之久。

　　各煙草公司把每年推出的月份牌，當作頭等大事來抓〔註9〕。同樣，隨煙發行的煙畫更要精益求精。往往是配合月份牌的內容同步進行。月份牌出時裝美女，煙畫也出時裝美女；月份牌出《二十四孝》，煙畫也出《二十四孝》；有些還是出自同一畫家手筆、或同一畫室；有的甚至是同一組畫，只是大小有別而已。這種「相互配合作戰」的形式，不但加強了廣告的宣傳力度，也使得煙畫吸收姊妹藝術中的精華，獲取了更豐富的營養。它與月份牌廣告畫相互倚重、彼此借鑒，在二、三十年代商場上，如同一對孿生姐妹在齊肩奮戰、同生共榮。

〔註8〕鄭氏早年在照相館曾從事過炭精畫的繪製，到上海後潛心研究，在擦筆炭精畫的基礎上，再逐層由淺及深地著染透明水彩。畫出時人物肌膚細膩，衣著景物也晶瑩俏麗，別有風致。而且，這種畫法又頗適合石版印刷分色製版。因之，走俏一時。鄭氏對此法十分保守，概不外傳，壟斷了數年之久。後為細心的李慕白、金雪塵悟破，此畫法遂風靡一時。

〔註9〕〔美〕高家龍著《中國大企業》，2001年，商務印書館出版，第59頁。英美煙公司的一名美國代理曾說道：英美煙公司的日曆成為「每年一項轟動性的廣告」，被分送到「中國的每一個角落」。

大東煙草公司出品的月份牌畫和煙畫《二十四孝》

彩色連環畫的先驅

中國的連環畫出現於 1927 年，上海世界書局同時出版了《三國》《水滸》等五大部圖畫書。上市末幾，就被爭購一空。從此，連環畫自成一大體系。繪製連環畫的畫家們也自成一行。但，因印刷成本所限，當年的連環圖畫只限黑白單色。慧眼獨具的煙草廣告商們，及時地補上這一空白，重金購置畫稿，重彩精繪成彩色連環畫形式，前圖後文，依章按回，成本大套地印製發行。以畫「小人書」拿手的陳丹旭先生也便欣然受聘，全力以赴地介入其間了。

南洋兄弟煙草公司出品的《三國》《水滸》等，每套都有三、五百枚之多。直到煙畫終止了發行，這兩套煙畫均未出完。

英美煙公司出版的煙畫《七劍十三俠》，索性打破了原有的章回結構，使

故事更為緊湊。人物造型統一，注重表情動作的刻畫。在技法上有遠景、中景、特寫之分，與現代影視分鏡頭角本相似。背子說明通俗易懂，深得勞動大眾和小孩子們的喜愛。假使放大印製，編印成冊，就是一部彩色的「小人書」無疑也。

煙畫《岳飛傳》和《大明英烈傳》等都是成套出版，動輒數十數百幅，集齊則是一部彩色連環畫。

融貫中西的繪畫技巧

最早的煙畫，是西人用西方的畫法描繪著西方風情。進入東方之後就「入鄉隨俗」發生了根本的變化。日本的煙畫，融入了浮世繪；中國的煙畫，從內容到技法，也廣搜博採，自成一家。它一方面繼承著傳統的衣缽，講究傳神寫意、「三知四氣」〔註10〕；另一方面汲取西方繪畫法則，運用明暗透視、光影遠近，也形成了一種具有現代氣息的繪畫風格。

〔註10〕「三知四氣」是繪事總訣一書中關於畫人物畫的一種口訣，即「知年齡、知身分、知勞作。四氣，即喜、怒、哀、樂」。

上世紀三四十年代的煙畫畫法更加多姿多彩，漫畫、卡通畫也進入了人們的眼簾。

　　由於煙畫傳播廣泛，民間百姓，尤其是青少年學生學者眾多。一些油漆彩繪的工匠，專門將煙畫放大，勾成大譜樣，用來畫畫棟遊廊中的「包袱畫」。果然用到了實處。

　　煙畫，作為普羅美術中的一種，它的影響深遠，對普及現代繪畫起過巨大的推動作用。我們從原中國美術家協會副主席、畫家鍾靈老先生的一首詩中，可以看到小小的煙畫，曾對一代畫家的影響。

神飛舊跡入情癡，方寸之中見妙思；

猶記兒時臨煙畫，功成豈忘啟蒙師！〔註11〕

　　鍾老說：「舊中國十分落後，教授兒童的繪畫教材幾近於零。煙畫就成了繪畫愛好者的啟蒙老師。可以說，我接觸過的大畫家們，兒提之時都臨摹過煙畫。煙畫的畫風和技巧，一直影響到他們成熟後的創作，對此實不能等閒視之。」

〔註11〕筆者在 2000 年，曾抱著收藏的煙畫登門求教於鍾老。鍾老睹物沉思，鉤沉往事種種。後寄詩一首，題為《題煙畫》。

第十四章　煙畫是「經濟─文化」的 一枝奇葩

　　「經濟─文化」是現代廣告學中的一個新名詞，其定義應該是；是以文化為手段，以促商為目的的一種推銷方法。換而言之，也就是「以文帶商、以文促商」的一種經濟運作的形式。

　　煙畫的出現看似偶然，實非偶然，它是一個特定時代商業發展的必然產物。從十九世紀七十年代起，美國經歷著一個非同尋常的轉變時期。城市人口成倍地增加，絕大部分是從農村和外國湧入的窮人。因為，城市的工作機會多，生活節奏快，一切事物都在快步地更新。它預示著有商標的、大規模生產的、而且是遍及全國的產品消費時代的開始。這一時期，人們改變了舊日生活習慣，開始吃、喝、穿、戴、抽和日常使用的一切，都是從工廠中生產製造出來的產品。這些產品都是流水線上的出產，物美價廉。花錢不多，人人可以使用。從吉列剃鬚刀、到速溶咖啡、罐頭、餅乾，越是「有點名氣」的產品越是暢銷。機制捲煙的堂皇登場，也是時代呼之欲出之必然。

　　煙畫的發明人劉易斯・金特先生也好、給煙畫賦予生命活力的杜克先生、斯莫爾先生也好，不管他們的初衷有無理論上的設計。但他們的嘗試和實踐，無疑已為煙畫的「經濟─文化」構成定位，且打下了堅實的運作基礎。及至煙畫進入中國後，不管是外國公司製造、還是中國公司的出品，其性質和功能無一改變，而且，依據中國之國情，煙畫的作用似乎更加得到深化和增強。作為「經濟─文化」型傳媒的煙畫，它與商業之間的互動功能具有如下幾個特徵：

因商而生、因商而長

煙畫，它是以促銷為目而生，在激烈的商戰中而逐步成長的。而且它是以自身的經歷和實踐，體現著自身獨特的價值。煙畫，它是以經濟的頭腦與文化的眼光營造出來的一種新媒體，它用風景名勝、海外珍奇來吸引人；它又以文學經典、民間故事來打動人；它又用倫理道德、世俗風情來感動人；它還會用俊男美女、聲色犬馬來誘惑人；它還會用競爭比賽、桂冠偉業來鼓勵人；關鍵時，它還能用政治事件、黃沙鐵血來刺激人。雖說它是一種不起眼的通俗文化，但是，它在隨著煙草大戰成長壯大，最終成為大文化中的一部分，具有獨立的文化特質和鮮明的文化意識。

文以載商、文以飾商

中國有句成語謂之：「文以載道」，「文過飾非」〔註1〕。在煙畫身上，便可以改為：「文以載商」和「文以飾商」。儘管煙畫已成為一種文化現象而存在，但是，它並非是獨立的，它是為經濟所利用、是依附於商事、為經濟服務的一種文化現象。在它的行為中，不管如何改變自己的形式和內容，它一直是以商業的經濟活動為終始。

商業競爭越激烈，對其投資越增大，它的活動力度就越大。並且表現出高度的機敏性與靈活性。它可以像水銀瀉地般地無孔不入、無處不至。竭忠盡智地去為商事擴大影響；去粉飾資本經濟這一機械般的怪物，使之成為有血有肉、有情有感、道貌岸然的謙謙君子。有這樣一個例子，可生動的說明煙畫的奇詭。

請看，以前所舉《洋涇浜英語看圖識字》煙畫，看起來其貌不揚、形骸簡陋。但是，它內容獨特、意義非常。從畫面上看，圖的中間畫了一隻張開的手掌，上邊寫著中文「手指」，下邊寫著英文「FINGER」，再下邊則是中文注音「弗音孾」。另一枚畫的是兩隻衣袖，上邊中文是「袖子」，下邊是英文「SLEEVE」和中文注音「司利甫」。奇在何處呢？奇，恰在於它是一枚外國公司出品的，一則有關中國殖民文化——「洋涇浜英語」的實證。

〔註 1〕文以載道；語出北宋周敦頤《通書、文辭》;「文所以載道也」。認為文章是用來說明「道」，且為「道」服務終始的。文過飾非；語出劉知幾《史通、曲筆》:「其有舞詞弄札，飾非文過」。意為以虛偽的文字來掩蓋自己的錯誤。

　　試想在一百年前，那些在華洋雜處的地域中討生活的男男女女，能學上兩句用中文注釋的英語是何等的歡悅啊？煙畫主動地為「儂」服務，吸著香煙，還能學句英文，美哉快哉，好不愜意！

　　又如《兒童教育》煙畫，畫的是一個小朋友立於窗前，一手指著被打破了的玻璃，一手指著自己，向大人承認是自己的過失；畫的題目叫做《誠實》。另一幅，畫著兩個小童正在扶著一位雙目失明的老翁遠離前方的水塘；題目稱為《互救盲叟》。這都是中國大象煙公司的出品《兒童教育畫》。

　　再看這枚煙畫，正面畫的是一個交通繁忙的十字路口，正中交通崗上的紅綠燈閃爍有秩，汽車、行人依序而行。背子上印著詳細的說明：「行人及車輛在公路上行走，應隨時注意交通燈號，服從其指揮。遇紅燈時當即停止，綠燈亮時才可通行。此外還要注意路上交通警察的指揮及路旁交通標誌的指示。否則容易發生危險」等語。

　　這是上海華成煙公司在 1930 年發行的一套《交通安全須知》的煙畫。其時，正是國民政府貫徹《交通法規》的時候。鄭逸梅先生對這套煙畫十分重視，在他的文章中提到此事時，很有感觸地稱讚它的公益作用〔註2〕。

華成煙公司在 1930 年發行的一套《交通安全須知》煙畫

　　仔細分析一下，是什麼動力驅使煙業的老闆去做這種「鄉村女教師」〔註3〕的工作呢？是什麼動力，要求這些煙廠去代替警察，宣傳新的《交通法》呢？簡單地說；這就是「經濟—文化」的作用。它在「文以載商」，它在用文化的溫存外衣，去潛移默化地為商事爭奪市場，爭取民眾，最終要為商家去爭取巨額的經濟利潤。

〔註2〕見《鄭逸梅文集》。
〔註3〕《鄉村女教師》是上個世紀五十年代蘇聯拍攝的一部著名的電影。描寫一個受過高等教育的女教師，甘心情願地在西伯利亞的貧苦鄉村中去教育那裡的小孩子的故事。

文榮商茂、相輔相成

煙畫這種經濟性質的文化，在利益驅動之下，能煥發出璀璨的光焰，能創造出矯人的奇蹟。就其文化功能而論，筆者曾將個人的收藏分為十四大類。既市井風情、百工雜役、文學故事、體育運動、政治時事、風景名勝、珍禽異獸等等。依此檢點西洋煙畫的分類，也大抵如此，未出其右。只是它們的創意和視野，較之東方的作品更為開闊、更為深邃，更富科學意義。

隨著時代的進步和開放，青年人的生活方式也有了巨大的變化。
這種變化進入了煙畫的視野，於是也進入了千家萬戶，傳播開來，
展現出一片欣欣向榮的景象。

例如，威爾士公司發行的一系列煙畫來分析，它的出品極其豐富。它通過

畫面和背子的文字說明，向人們描述著世界各地的風光物產，風土人情；上至天文宇宙、下至萬物眾生；內容林林總總，畫面洋洋大觀，集在一起，實在是一部圖文並茂的《大百科全書》！〔註4〕

它們在介紹世界風物時，比如，澳大利亞的袋鼠、紐西蘭的綿羊、北美印第安人的部落、埃及的金字塔、黑非人的飾物、剛果的象牙、安南人的水稻、南洋洲的蕃茄……，不僅寫實地畫出了他們的神態、周圍環境，而且，還準確地標出他們的地理位置。它在介紹一種天文現象時，總要一一畫出座標、軌跡、進行細膩的圖解說明；它在介紹園藝時，則往往要從花卉、植物的生去原理、栽植和管理、澆水與施肥、修剪與養護，以及藝術的佈局，每個細節逐一說起，毫不含糊地在這方寸之間，進行勾勒。簡直像一位學者、教師，在耐心地做著科普教育工作。更令人感動的是，它在介紹當時世界上最新的發明和宏偉的工程建設時，是那樣充滿了自信自豪。煙畫雖小，但它要為人類走向現代化的明天而雀躍歡呼！

在靜謐和平的年代，煙畫表現得是那樣的溫文儒雅。它吟誦著十四行詩，讚歎著歐美風光的綺旎、田園的羞澀；它鑑賞著輕歌漫舞、倩影銀屏；它推崇著令人興奮的棒球、足球、高爾夫；介紹著提香、莫奈、米開蘭哲羅〔註5〕；更可愛的是，它把人們在寧靜的夜晚用以哄逗兒童的手式影戲，都印到煙畫之上，這是多麼高雅的閒情逸趣呀！

四十年代德國出版的有關納粹的煙畫

但是，世界大戰剛一爆發，斯文的煙畫頓時變換了面孔。飛機、軍艦，大炮、槍械，軍隊、軍旅生活，一湧而上，紛紛登臨煙畫的舞臺，用以贏得眾

〔註4〕百科全書 Encyclopedia 是概要介紹人類全部知識或某一特定領域或學科的工具書或綱要。
〔註5〕提香、莫奈、米開蘭哲羅，都是歐洲著名的大畫家，他們大作也被印到煙畫之上。

多人群之關注。這種赤裸裸的行徑，最終導致軍事管制委員會從戰時保密法的角度，給予明令干涉〔註6〕。但是當年的鐵馬金戈、戰火硝煙、乃止納粹黨、希特勒的暴虐，同盟軍的挺進，皆詳實地記述於煙畫之中，成了歷史的見證。

在經濟的驅使下，附於其上的文化彩衣和觸角是無所不到、無所不及的。由此，也使得這一文化作用發揮得淋漓盡致、昌盛一時。

共存共榮、商止文息

從煙畫的誕生、成長、成熟，一直到年老、衰竭，最後壽終正寢、退出歷史舞臺的全過程來看。也正是煙草工業由起步、發展，到激烈的爭戰、搏殺，最後歸於市場有序、裂土封疆的一個全過程。這一過程中，在煙畫的小小世界裏，充分地反映出「經濟—文化」體的運行規律。商盛文榮、文榮商盛；相依相輔，共存共榮。商事用金錢支持了「文化」，反之，「文化」又粉飾了「經濟」，繁榮了商事。二者對立統一，相輔相成；水漲船高，水竭船擱。

試想，一系列「在商言商」，單一鼓吹「煙絲如何如何好，價錢如何如何俏」的宣傳品，有多少人會蒐集、重視呢？相反，如果把卡片印成純知識、純文化，而又與商品割裂開來的東西，美則美矣，但還有哪一家煙商會投資發行呢？

筆者在研究了英美煙公司駐華總部的廣告部的組成、結構和煙畫創作的全過程中，足以說明在「經濟—文化」體中，二者互促互動的模式。煙畫從創意，到設計、繪製、評選認定，再到製版、印刷、分配、發行，全在市場部的掌握之中。為了配合市場的需求，對於重要的宣傳品，他們不惜將「繪好的草圖分發到全國各地的經銷商的手裏，讓他們做出評價」〔註7〕。一旦發現它

〔註6〕尤其本世紀初第一次世界大戰的爆發，軍事成為人們生活的主題。英國成千上萬煙盒的卡片集中反映軍隊的作戰和生活，其中有：官兵制服、軍用摩托、海軍生活、徵兵警句、軍中戰鬥英雄、獎章；再後來，隨著空軍的組建，卡片開始反映英國皇家空軍飛機、軍帽、徽章等。在香煙上進行軍事宣傳，效果十分大，而且是潛移默化的。以前，很多地方偏僻，人們很少甚至沒有機會接觸到軍事，而香煙的到達，使他們無形中瞭解到軍事方面的知識和信息。經過英國倫敦出版局的特批，英國煙草公司在香煙卡片上還印刷過英國軍隊在戰鬥中使用的軍用車輛和多種武器裝備，許多在後方的人看到後大感興趣，因為他們從未看到英國有這些裝備。香煙上的軍事宣傳彌補了宣傳工具上的不足，尤其早期人們沒有收音機、電視、彩色雜誌等媒介工具。有些最先進的武器尚未用於戰事，反而出現在煙畫中。後被戰時管制委員會明令禁絕。見中國煙草在線《香煙卡片與軍事的奇詭》。

〔註7〕見美高家龍著《中國的大企業——煙草工業中的中外競爭 1890～1930》，商

不適合，或是題材已經過時、或是有了差錯，儘管設計的再「文化」，也要馬上修改、或停止製作與發行。

就拿英美煙公司在抗日戰爭期間已決定漸次抽逃資金，逐步退出中國市場來說，很多原擬設計和發行的煙畫作品，不管人們是多麼地寵愛，收藏者是多麼殷勤地期待，但是公司也要服從資本經濟的制約，毅然割愛，停止了全部繪製和製作。

根據有關資料說明，因二世界大戰的爆發，西方的印刷設備和紙張大部分用於軍事需要，來印刷戰事宣傳品。西洋煙畫的設計、印製、發行基本終止。戰後亦未能恢復〔註8〕。在東方，1946年中國發行的最後一套煙畫《抗日戰爭勝利紀念》120枚（實際發行了80枚），是上海裕華煙公司在推出友啤、紅士、高樂牌香煙時的出品。在當年的廣告上曾驕傲地寫到：「國人不能不知，抗戰八年大事：欲知抗戰大事，請看抗戰畫卡」〔註9〕。紀念抗戰勝利、煙廠與全民普天同慶，自然是「文化」的一個方面。但出版這一套煙畫的「經濟」目的，依然是在於大造聲勢、推銷香煙。

1946年上海裕華煙公司發行的最後一套煙畫《抗日戰爭勝利紀念》的招貼廣告

豈不想，一旦競爭對手消失（即英美煙公司的退出），商戰的結束，以及戰

務印書館，2001。

〔註8〕見中國煙草在線文章：《香煙卡片與軍事的奇詭》。

〔註9〕見《良友》雜誌1946年封底廣告。

後經濟的破敗、蕭條，再有氣勢的畫片，也只能徒增成本，起不到預想的作用了。煙畫之所以退出了歷史舞臺。本身就足以說明了「經濟─文化」體的運作本質。煙畫的問世、昌盛和消亡，都是在「經濟」的無形之手的控制之中。

　　　無可奈何花落去，似曾相識燕歸來〔註10〕

　　儘管美侖美奐的煙畫世界已成往事〔註11〕，但它給我們留下了一筆豐厚的文化遺產。這些數不盡的「時空定格」作品，為今人研究「往事的輝煌」，起著異乎尋常的作用。從它的行為軌跡當中，也闡述了「經濟─文化」體這一概念的全貌。今日的煙畫似乎已不存在了，但與之類似的更多的，更偉岸的廣告行為、媒體傳播行為，更加生動活潑地發生在我們的周圍。儘管它們更先進、更科學、更現代化，但其規律的本源，依然存在煙畫在一百年前所營造的窠臼之中。今日逡巡往事，實為不忘舊日之師！

　　在煙畫最終從市場消失的七十五週年之際，我們重新研討這一發明的作用和價值，具有一定的現實意義。最後，筆者將收藏中的，中國煙畫中最後一套中的最後一枚呈現於此，以饗讀者並作為全文的結束。

中國煙畫中最後一套中的最後一枚煙畫「何應欽笑接日本投降書」

〔註10〕北宋詞人晏殊《浣溪沙》：「一曲新詞酒一杯，去年天氣舊池臺，夕陽西下幾時回。無可奈何花落去，似曾相識燕歸來，小園香徑獨徘徊。」
〔註11〕煙畫的發行熱潮，從上個世紀四十年代已宣告結束。但餘燼未滅，後被一些畫片商所沿用，出版了不少無煙廠廣告的「純畫片」，依然沿稱「洋畫」，供兒童們玩耍之用。此風在中國一直沿續到上個世紀六十年代。

跋

白婧〔註1〕

李德生與「煙畫中國」

在煙畫出版物的發展歷史上，著名煙畫收藏家李德生是一個繞不開的人物，究其緣由，在於其傾舉十年功力專注於個人煙畫收藏的展示與出版。

李德生，籍貫北京，現居加拿大，係加拿大文化更新研究中心研究員，英國大不列顛畫卡協會會員，主要從事東方民俗文化、煙文化研究。收藏有 1898 年至 1946 年間中外煙草公司出品的煙畫萬餘枚，且保存十分完整。在攝影條件不甚發達的年代，這些形象展現世界近代政治經濟和歷史人文風貌大變革題材與內容的煙畫，無一不是彼時民眾生活的印證，具有圖像史料（亦可稱為可視史料或影像史料）的價值，被相關領域學者讚譽為「手中的民俗博物館」，真實反映著時代的變遷和風俗的沿習，蘊藏著市廛百業的真義，文化積累意義深厚，民俗鑒賞情趣不凡。

（1）「煙畫知識的小百科」

2006 年，李德生與百花文藝出版社聯手編輯出版的《煙畫》一書，開啟了李德生將其煙畫收藏陸續展現於世的步伐。《煙畫》一書在煙畫出版物發展歷史上的獨特價值在於，在國內首次較為全面系統地梳理了煙畫及其相關知識，介紹了煙畫的概念與產生，早期的西洋煙畫的風貌，煙畫的興衰史，煙畫的商業功能、文化功能和政治宣傳功能，繪製煙畫的工匠技師，煙畫的設計與出品、印製與分發、繪畫藝術等具體內容，堪稱一部「煙畫知識的小百科」。

〔註 1〕本文作者係中國華僑博物館研究員，引自中國華僑歷史博物館與單聲珍藏文物館編 2018 年文物出版社出版的《煙畫背後的愛國史：金正琥先生捐涉僑煙畫圖鑒》一書。

（2）中華傳統文化與商業廣告藝術的完美融合

《煙畫四大名著》選取煙畫中最為常見和經典的中華優秀傳統文化精粹——四大名著題材，在各部名著系列下，進一步細化到以所屬煙草公司為分類標準做編排。該書把展現中國「四大名著」內容的煙畫精心篩選、整理出來，經成比例放大後，愈發見其繪畫技藝之嫻熟、功底之深厚，最後精印發行。其突出特色在於，一方面，經煙畫繪畫技師的精心創造和出版者的放大處理，讓讀者看到了有別於明、清各種繪圖刊本中的繡像插圖和清、民國時期民間木板年畫上的人物造像，與其迥然相異的「四大名著」的人物藝術形象；另一方面，該書也使讀者瞭解到中國早期的商業廣告設計者們，是如何把商業活動與中華傳統文化有機地融為一體，使中國傳統文化元素在商業廣告中得以較為完美地應用。在此兩部著作成功出版的基礎上，李德生帶著他的「煙畫中國」系列登臺了。

（3）女性儀容裝束的歷史流變

2009 年，李德生與江西教育出版社聯手策劃的「煙畫中國」系列叢書之序曲《昔日摩登女郎／煙畫中國》出版。該書以煙畫圖片與說明、鑒賞文字相得益彰的編排方式，分列「清代末年的花國領袖（1898～1910）、民國初年女性的覺醒（1911～1919）、20 年代之女權申張（1920～1929）、30 年代的新女性（1930～1939）」四個章節，系統展現處於「新與舊」、「中與西」激烈變革與轉型下中國「女性美」的漸變軌跡。煙畫所展示的，既有清末盛載「滿漢風光」、「怡然古風」的花國領袖、名媛閨秀，又有 20 世紀 20、30 年代女權申張後，「髮髻生變」、「天足解放」乃至「自然奔放」、「盡領新潮」、「無限風光」的新女性、交際花和大明星。每一時代的煙畫再依其出版年月先後順序排列開來，間以典故、詩話、故事，旁徵博引，編排精巧得體，信息量大而豐富，稱其為一座「中國近代女性儀容裝束的博物館」實不為過，其可讀性和鑒賞性在煙畫出版物中堪稱一絕。

（4）煙畫再現「消失的風景」

2010 年，李德生在「世博會與都市發展國際學術研討會」上提交《早期廣告——煙畫與都市風景》論文，該論文闡述了煙畫對 20 世紀初中國風景名勝的傳播、弘揚和記錄，並針對一些古風古建、稀有名勝的消失，提出了搶救和保護相關「圖像」史料的重要性和非凡意義。事實上，作者於會上一番見解的提出，早已有相關實踐做支撐。2011 年，李德生與王琪合編的《老煙

畫中的風景》由學苑出版社出版，該書選用日本村井兄弟商會社在 1904 年出版的《古塔》，英美煙草公司在 1920、1925 年出版的《古橋》、《泰山風光》、《中國名勝》等頗具影響力的煙畫，甚至還選取了啟東煙草公司在 1934 年出版的特大張彩色煙畫《中國風景名勝》彙編入書。該書所載煙畫中展現的風景，很多已不再見於眼前，因而具有極高的史料價值和欣賞價值。其中英文對照的版式設計，亦體現出國際化的出版戰略眼光。

（5）抗戰主題下煙畫的價值突顯

抗戰是 20 世紀 30、40 年代煙畫，尤其是民族煙草企業出品煙畫的重要題材。2014 年，李德生聯合山西人民出版社，出版《抗戰圖史——老煙畫的抗戰記憶》，2015 年，由李德生、張瑩合編，江西教育出版社出版《煙畫中國·星火抗戰》問世。這兩部圖書的特色在於不失時機且較為成功地抓住了結合重大歷史紀念主題傳播煙畫價值與意義的契機，以煙畫為載體記述歷史，表現抗日戰爭的人物、故事和場景，更具滄桑厚重的歷史感，別出心裁，給人一種耳目一新的感受。煙畫所反映的愛國主題和蘊藏著的愛國情懷，也愈發引起了世人的廣泛關注。

（6）地方行業、民俗文化的新開採和新挖掘

2016 年，李德生與北京聯合大學北京學研究所苑煥喬聯手編著《煙畫與老北京 360 行》一書，該書以新穎別致的方式，將形象生動的煙畫與簡明扼要的說明文字結合，使得讀者在輕鬆逗趣的氛圍中一覽老北京歷史悠久的民俗行業。以此為開端，煙畫在地方歷史和文化、經濟和社會研究中的價值被開採、挖掘出來，地方史和民俗學專家亦能由此解讀出可資借鑒的內容。

（7）反映市井生活的「接地氣」之作

無論就展現題材的多樣性或煙畫本身來講，「接地氣」是煙畫的一大特點。2017 年，李德生在前期較為成熟的煙畫畫冊編輯出版經驗的基礎上，由江西教育出版社結集出版了一套《煙畫中國》叢書，包括《吃喝玩樂／煙畫中國·560 行》、《五行八作／煙畫中國·560 行》、《市廛江湖／煙畫中國·560 行》。煙畫中的「五百六十行」，行行都交織營運在人們的世俗生活中，求真本真地浸染著煙畫出版物貼近實際、貼近民眾、貼近生活的時代氣息。

白婧 2018 年 6 月書於《煙畫出版物及相關文獻探討》